O Encantador de Pessoas

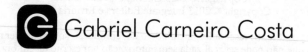 Gabriel Carneiro Costa

O Encantador de Pessoas

Como trabalhar sua vida em busca da felicidade e realização pessoal

Copyright © 2013 Gabriel Carneiro Costa
Copyright © 2013 Integrare Editora e Livraria Ltda.

Todos os direitos reservados, incluindo o de reprodução sob quaisquer meios,
que não pode ser realizada sem autorização por escrito da editora,
exceto em caso de trechos breves citados em resenhas literárias.

Publisher
Maurício Machado

Supervisora editorial
Luciana M. Tiba

Assistente editorial
Deborah Mattos

Coordenação e produção editorial
Estúdio Sabiá

Preparação de texto
Hebe Lucas

Revisão
Valéria Braga Sanalios
Regina Rodrigues de Lima
Ceci Meira

Projeto gráfico de capa e de miolo / Diagramação
Nobreart Comunicação

Dados Internacionais de Catalogação na Publicação (CIP)
(Câmara Brasileira do Livro, SP, Brasil)

Costa, Gabriel Carneiro
   O encantador de pessoas : como trabalhar sua vida em busca da
felicidade e realização pessoal / Gabriel Carneiro Costa.
São Paulo : Integrare Editora, 2013.

   Bibliografia.
   ISBN 978-85-8211-045-4

   1. Atitude (Psicologia) 2. Autoconhecimento 3. Autorrealização
4. Conduta de vida 5. Felicidade 6. Metas (Psicologia) 7. Motivação
I. Título.

13-02002   CDD-158.1

Índices para catálogo sistemático:
1. Autorrealização : Psicologia aplicada 158.1

Todos os direitos reservados à
INTEGRARE EDITORA E LIVRARIA LTDA.
Avenida 9 de Julho, 5.519, cj. 22
CEP 01407-200 – São Paulo – SP – Brasil
Tel. (55) (11) 3562-8590
Visite nosso site: www.integrareeditora.com.br

*Dedico este livro à minha maior escolha,
minha esposa Graziela.
Com ela, descobri a minha autêntica felicidade.*

SUMÁRIO

AGRADECIMENTOS   9

PREFÁCIO   11

INTRODUÇÃO   15

Vencendo o próprio jogo   25

Mudando a própria sala   37

A dieta dos pensamentos   51

Autêntica tacada   71

Nada se perde, tudo se transforma   85

Morrer para renascer!   95

O sexo nunca foi frágil!   103

Espírito GoHard   113

Sair da zona de conforto sem sair da zona de satisfação   129

Fuga para proteger ou desproteger?   145

Afinal, para que serve o dinheiro?   157

O que queremos ser?   167

Contratos e recados. A diferença que faz diferença   179

Pais equilibrados, filhos realizados   189

Subir a própria montanha — história final   197

AGRADECIMENTOS

Para conseguir ser um encantador de pessoas é preciso, primeiro, desenvolver a habilidade de se encantar por quem colabora com a nossa trajetória. Por isso, a minha lista de agradecimentos é tão grande quanto o encantamento que tive por essas pessoas ao longo de toda a minha jornada.

Começo agradecendo aos meus avós. Aliás, todo ser humano deveria ser obrigado a ter avós. Tive o privilégio de conviver com meus quatro avós por muitos anos. Foram eles que me ensinaram valores de família, amor, respeito e educação. Foi nos olhos e nas palavras dos meus avós que criei meus maiores sonhos, dos quais este livro faz parte.

Agradeço ao meu pai e à minha mãe. A base de tudo. Foram eles que me deram a permissão para encontrar meu próprio caminho. Contei com o benefício de ter sido um filho muito amado, e sempre tive neles um ponto de luz. Meus pais me deram, desde muito pequeno, o espaço para refletir e dialogar sobre a vida, além da liberdade de expor crenças, pensamentos e sentimentos. Hoje tenho a convicção de que isso me ajudou a me tornar uma pessoa encantada, vendo que a vida pode ser boa.

Agradeço à minha irmã, que por ser mais nova sempre elevou minha autoestima, fazendo-me sentir muito mais importante do que realmente sou. Foi com ela que entendi o verdadeiro laço de amizade dentro da própria família.

Na minha trajetória, ainda faço questão de agradecer a outras pessoas encantadoras. Agradeço ao meu ex-sócio, Mateus Lampert. Juntos, construímos um negócio do qual até hoje muito me orgulho, e foi graças à sua fidelidade que consegui vender a empresa e trilhar um sonho.

Agradeço ao Tiago Lemos, que acreditou no meu trabalho e transformou meus workshops em algo ainda melhor.

Agradeço ao Arthur Bender, grande amigo que me propiciou chegar à importante etapa de lançamento deste livro.

Agradeço ao meu fiel amigo Viturugo Miranda, que esteve presente em todas as fases de minha carreira, ajudando-me a organizar a caminhada e a torná-la mais fácil e prazerosa.

Agradeço à minha eterna e querida psicóloga Márcia Bertuol e à minha coach Suzana Osório, que estiveram ao meu lado no momento mais importante da minha trajetória profissional.

Agradeço a cada cliente de coaching e a cada participante dos workshops. São eles que me dão estímulo para continuar, mesmo nos momentos difíceis.

Por fim, escrevo este livro em homenagem a duas pessoas muito especiais. À minha esposa, Graziela Jungluth, que foi a maior apoiadora na jornada de reencontro com aquilo que dá sentido à minha vida, e ao meu filho, Eduardo, meu maior presente, que ilumina as minhas fontes de satisfação e afeto. Amo muito vocês dois!

PREFÁCIO

Encantar, **palavra que se origina no latim, cuja etimologia é** *incantare*! Significa enfeitiçar; levar encantamento ou magia; seduzir. Muitas são as definições correlacionadas a esta palavra magnífica. Porém a definição que mais se conecta com esta grande obra é tomar-se de encantos; transformar-se em outro ser! Por uma dessas grandes coincidências da vida, certo dia deparei com alguém que ajudaria a transformar-me! Eu estava em busca de autoconhecimento e principalmente de um sentido para as correlações que insistiam em gerar desconexões negativas em minha vida! O grande objetivo era compreender como poderia amenizar esses impactos, em que o equilíbrio entre trabalho, saúde e família não existia!

Assim como a maioria dos executivos brasileiros, eu nutria uma permanente "guerra" entre as chamadas vida profissional e pessoal. Surge aí o primeiro grande ensinamento... Nunca esquecer que a Vida é uma só! O pessoal e o profissional estão totalmente encadeados, havendo a necessidade de uma gestão permanente dessas conexões garantindo o equilíbrio desejado.

Partindo do pressuposto de que a simplicidade é a complexidade resolvida, mais um ensinamento foi fundamental para uma caminhada de transformações. Antes de saber o que eu gostaria de ter, deveria definir o que eu gostaria de ser. Achei um propósito claro. Isso sim faz sentido! Parar com a permanente e eterna corrida dos ratos, jogando um jogo não sob a minha lente, mas sim sob a lente dos outros.

Parece simples e banal, mas encontrar a verdadeira felicidade dá trabalho!

Não bastava tomar consciência dos possíveis caminhos para uma vida mais satisfatória! Era preciso agir!

Quem encanta, além de ressignificar teorias complexas, transforma a informação em insumos simples para que as pessoas se movimentem em direção às suas metas e objetivos. Além disso, quem enfeitiça pessoas dá exemplo e ajuda na caminhada! Ora se comporta como adulto, fazendo contratos e planos para acalmar a pessoa amada, ora, como uma criança, questiona cada passo, tentando ajudar a desvendar o caminho.

O não julgamento é palavra de ordem! É comum estarmos permanentemente julgando nossos semelhantes. É fácil falar dos outros. Difícil é se conhecer de forma verdadeira e genuína, identificar a zona de incompetência para, depois do plano, caminhar para uma zona de vitória.

Bem, um encantador de pessoas ajuda a desvendar o segredo da vida, que na minha humilde opinião é a busca pela felicidade.

Essa felicidade é única, assim como cada indivíduo. E os caminhos são diversos. Quem encanta pessoas ajuda de forma simples no desenho dos passos, tornando automático o comprometimento, colaborando nos resultados, curtindo junto o caminho!

Por fim, encantar significa mobilizar para o bem! Movimentar pessoas em uma revolução silenciosa! Levar à busca permanente de um "lá", que quando chegar não será mais lá. Porém gera movimento, aprendizado e crescimento. Encantar é demonstrar que a vida é feita de dias bons e dias ruins. É fazer entender que o destino de nossa vida é de responsabilidade exclusiva de cada indivíduo, sabendo que nossas decisões são carregadas de perdas e ganhos, enfatizando a necessidade de cultivar um pensamento positivo, que pode ser desenvolvido a partir do treinamento da alma.

Conectar almas! Essa é a maior característica de um encantador de pessoas. Significa conduzir indivíduos a desvendar sua própria essência e propósito, otimizando resultados que façam sentido.

Agradeço profundamente por ter conhecido Gabriel Carneiro Costa e criado uma grande amizade com ele, um autêntico Encantador de Pessoas.

Aproveitem o livro! GoHard!

Tiago Lemos
Sócio-Diretor da Venti Inteligência em Projetos

INTRODUÇÃO

Não proponho neste livro a fórmula da felicidade ou as dez dicas para ser mais feliz. E não proponho isso por um motivo simples: não acredito que alguém possa determinar a melhor forma para outra pessoa ser feliz.

Vencer na vida é vencer naquilo que você sabe que o deixa feliz.

Fixe a sua idade de vida hoje, neste exato momento. Agora reflita sobre a possibilidade de fazer um contrato com Deus e firmar um pacto a respeito da idade com a qual gostaria de morrer. Cruel? Não. É a vida. Particularmente, só tenho duas certezas: a de que estou vivo hoje e a de que vou morrer. A questão é o que farei entre esses dois pontos.

De posse da sua idade "desejada" de morte, subtraia-a da sua idade atual e então terá uma expectativa de tempo de vida. Exemplo: digamos que você tenha 47 anos e "deseje" morrer com 90. Nesse caso, o seu tempo restante de vida é de 43 anos.

Que vida você quer para esses anos? Que história vai contar?

Não podemos mudar o que já foi vivido, mas podemos mudar o rumo previsto, e é justamente sobre esse tempo restante de vida que refletiremos ao longo deste texto.

O que me levou a escrever este livro?

A minha história de vida é cheia de emoções, coisas boas e coisas ruins, mas acima de tudo, cheia de aprendizados. Diferente da sua? Acredito que não. Depende da perspectiva que temos sobre a vida que levamos. Parece um pouco clichê repetir isso, mas a vida é somente o presente, o agora. Não podemos mudar o passado, e o futuro sempre será futuro.

Ao longo da minha caminhada, que estarei compartilhando em diversos capítulos ao longo deste livro, pretendo falar do presente, das atitudes que podemos ter no dia de hoje. O que podemos fazer, hoje, para ter dias melhores amanhã? Todos nós, realmente, possuímos a capacidade de ser felizes?

Em determinado ponto da vida, esses questionamentos tornaram-se intensos, e optei por realizar uma grande mudança. Vendi uma empresa de quase dez anos, com faturamento anual superior a 5 milhões de reais, para me conectar com o meu jogo mais autêntico e poder vencê-lo.

Fiz essa mudança pela convicção de que podemos nos tornar, na essência, pessoas diferentes.

Acredito, e muito, que podemos ser exatamente quem quisermos. E é o "ser" que define um "ter" mais autêntico, portanto mais feliz. Só conseguimos dar um real significado às nossas conquistas (o "ter") quando estamos em equilíbrio com aquilo que somos (o "ser").

Por que algumas pessoas são muito mais felizes que outras? A vida em si é a mesma. É lógico que as condições de cada um influenciam o que vai acontecer no percurso, mas sempre acreditei que o sol realmente nasce para todos e que precisamos caminhar para fazer o nosso destino.

Sou formado em comunicação social e sempre estudei o comportamento humano, tendo passado por teorias de neurolinguística, psicologia da análise transacional, técnicas de grupo, formação em Coaching de Vida e coaching parental e, mais recentemente, em psicologia positiva. Durante todo esse tempo, trabalhei em companhias multinacionais e montei algumas empresas. Umas quebraram e outras prosperaram. Entre essas experiências, há uma empresa de marketing que existe até hoje, com atuação em todo o Brasil. De forma complementar, participei de diversas entidades de classe e movimentos empresariais. Tudo isso, de alguma maneira, vem se conectar com todo o meu estudo sobre comportamento humano.

Nos últimos tempos tenho me dedicado muito ao processo de coaching, trabalhando exclusivamente com atendimentos no conceito de Life Coaching, ou Coaching de Vida. Mas o que significa atuar como Coach de Vida? É um profissional treinado para desenvolver o autoconhecimento nas pessoas, estimular sua capacidade de planejar a vida rumo aos seus sonhos e, principalmente, motivá-las a agir. Ao contrário do que muitos pensam, coaching não é aconselhamento. Não necessita de conhecimento prévio da área de atuação do *coachee* (nome usado para o assessorado). Coaching não é terapia, pois seu foco são o presente e o futuro, sem trabalhar análises do passado. Um bom coach tem a tarefa de identificar crenças, pensamentos e comportamentos que limitam e sabotam o seu *coachee*, e trabalhar com ele para começar a romper essas questões, estimulando sua capacidade de agir.

> Resumindo, o Coach de Vida trabalha no alinhamento da vida atual com a vida desejada, e cabe a mim, como profissional dessa área, verificar atentamente se o comportamento atual do meu cliente o está aproximando da vida que ele deseja ter.

Tenho trabalhado nessa área — que tem como foco a visão sistêmica da vida — assessorando pessoas das mais diversas idades, classes sociais, histórias e desafios futuros. De forma complementar, também tenho feito workshops vivenciais com grupos que buscam uma forma melhor de realizar seus sonhos e tornar sua vida mais agradável.

Dito isso, volto à pergunta que fiz anteriormente: o que as pessoas mais felizes têm de diferente? A resposta é simples: elas agem! E ponto!

É sobre isso que vou debater com você, leitor: a capacidade de agir! Cada capítulo deste livro trata de um assunto específico, mas todos têm foco na ação. Estarei compartilhando o meu ponto de vista com base exclusivamente na minha experiência de vida e nos estudos que realizei ao longo dos anos.

O objetivo desta obra é ajudar você a encontrar dentro de si a sua consciência mais autêntica, a motivação e a determinação para pôr seus planos em prática. Vivemos numa cultura em que é frequente pensar que podemos fazer amanhã aquilo que poderia ser feito hoje. O conhecido jargão de "empurrar com a barriga" é uma característica comum entre os participantes dos workshops que realizei, bem como entre a grande maioria dos *coachees* que já tive a oportunidade de assessorar.

Em geral, na primeira sessão de coaching surge como objetivo do trabalho justamente a dificuldade de agir em determinadas situações. O meu método de assessoramento é composto de uma mistura de áreas que já estudei com técnicas de dinâmica que apelidei de "cadeira quente". Procuro fazer a pessoa realmente encontrar onde está a sua zona de conforto, quais são suas opções de saída e o que já pode ser feito hoje para que isso comece a mudar. Essa forma de trabalhar serve para lidar com problemas de dinheiro, colegas de trabalho, relações amorosas, questões de saúde, educação de filhos, planos de carreira, promoções, provas e certificações, entre outros tantos desafios que a vida nos impõe. A linha condutora do trabalho é a mesma, mas são a história e o foco do *coachee* que mudam a proposta, tornando cada assessoramento um projeto íntimo e particular.

Já tive a oportunidade de ser coach de empresários, advogados, chefs de cozinha, executivos, produtores, esportistas, entre outros. E o que todos têm em comum? A dificuldade de agir em determinadas situações. Quando digo todos, também me incluo, pois, mesmo sendo um estudioso no assunto, ainda me pego diversas vezes com dificuldades para agir em prol dos meus sonhos.

A questão relevante nessa análise inicial de falta de atitude é compreender os reais motivos que nos levam a ficar acomodados e não agir em busca de uma vida mais satisfatória.

> Acredite, você está lendo um livro que precisou de muita energia e motivação para chegar às suas mãos. Nada acontece por acaso.

Costumo abrir minhas palestras e workshops comentando que até mesmo para ser feliz dá muito trabalho. Sei que isso já frustra algumas pessoas, em especial aquelas que esperam que alguém venha resolver sua vida, mas é a pura verdade.

Para ser feliz no casamento, nas relações sociais, na carreira, nas finanças, na saúde ou em qualquer outra área, temos que ter consciência de que dá trabalho. Isso não quer dizer que seja ruim ou sofrido, apenas entendo que não é ficando parado em casa que as coisas vão acontecer. E, quando começamos a entender que o que faz a nossa vida melhor é justamente a nossa capacidade de estar em ação diante dos problemas, desafios e sonhos, passamos a experimentar a sensação de uma vida mais plena. Uma vida feliz não é uma vida com ausência de problemas, mas uma vida em que os problemas são resolvidos. Uma vida feliz não é uma vida fácil, mas uma vida em que nos vemos em crescimento.

Todos nós passamos a vida em jogos. Lutamos pelo crescimento, pelo destaque e pelo reconhecimento. Cada um na sua área, de acordo com sua escala de valores. Porém, passamos a vida inteira buscando vencer jogos externos e costumamos nos dedicar pouco a olhar para os jogos internos — aqueles que acontecem na mente e que de fato determinam a forma como encaramos os desafios.

Sempre há o caminho que precisa, obrigatoriamente, ser trilhado. Por trás de uma pessoa de sucesso, feliz, com uma vida satisfatória, existe um caminho. Sempre existe a história que levou essa pessoa a estar onde está. Acaso, destino, sorte ou distração? Não posso afirmar, nem mesmo duvidar. O que sei é que, quanto mais planejamos o caminho, mais fácil ele se torna. Quanto mais energia colocamos nos jogos internos, mais atraente e estimulante o caminho fica.

É fácil? Não, não é. Mas precisamos agir! Precisamos ser o agente produtor da vida que queremos viver. Você conhece alguma pessoa bem-sucedida, em qualquer área, que ficou estática diante dos seus desafios? Conhece alguém bem-sucedido que não coloca muita energia naquilo que faz? Aos acomodados, cabe o destino de se tornar deprimidos e frustrados. Já àqueles que agem, cabe o destino de encontrar seu caminho e descobrir a sensação de realização na vida.

O ENCANTADOR DE PESSOAS

Cada capítulo a seguir conta uma história e um ponto de vista dentre todas as teorias que estudei e apliquei nos processos de Coach de Vida. Cada capítulo possui um tema isolado, mas todos se conectam no sentido de gerar autoconhecimento, de buscar o real sentido de vencer na vida e de amar a si e ao próximo.

Antes de iniciar o primeiro capítulo, peço que responda a uma pergunta: suas atitudes o têm aproximado ou afastado da vida que deseja?

Qualquer um pode ser um Encantador de Pessoas, mas isso jamais acontecerá se não conseguirmos nos encantar com a nossa própria pessoa.

Boa leitura, boas reflexões, e desejo, ao término deste livro, muita ação para você!

VENCENDO O PRÓPRIO JOGO

Hoje tenho a convicção de que, de forma geral, temos pouca consciência sobre o jogo que jogamos a vida toda.

Tive a oportunidade de trabalhar em projetos de coaching esportivo, o que me levou a estudar alguns conceitos e ferramentas sobre esse processo de mudança, orientação e controle da mente com atletas. Juntando algumas teorias, principalmente americanas, comecei a trabalhar com a ideia do jogo interno e do jogo externo. Com o passar do tempo me dei conta de que essa teoria se aplicava a qualquer pessoa. Afinal, todos nós possuímos pensamentos internos que norteiam nossas ações.

O jogo externo é visível e tangível. É esse que praticamos o tempo todo. Durante reuniões, fazendo esportes, criando algo, organizando, dialogando. Estamos o tempo todo em algum tipo de jogo externo. As vitórias costumam ser compartilhadas, e as críticas, positivas ou negativas, vêm também do meio externo.

Já do jogo interno, só tomaremos consciência se realmente prestarmos atenção no que ocorre na mente. É invisível, a menos que contemos aos outros. A vitória nesse tipo de jogo só depende de nós, e a crítica é sempre interna.

Ficou claro para mim que a teoria de que um esportista está jogando um jogo externo, visível aos seus torcedores, enquanto ocorre um jogo interno, estimulado por seus pensamentos e crenças a respeito de sua autoimagem, se aplicava a todos os meus clientes, assim como a mim mesmo.

Vencer no jogo interno é vencer o próprio jogo, de forma autêntica e conectada com aquilo que realmente torna a nossa vida melhor.

Uma dica fácil para saber se determinado aspecto é jogo interno ou externo é analisar se estamos diante de algum desafio, desejo ou problema que depende apenas de nós. Se a resposta for positiva, então se trata de jogo interno. Tornar-me uma pessoa mais calma, aprender a dar *feedback*, estar mais próximo das pessoas que amo, trabalhar com algo que me dê mais prazer, cultivar novos amigos, aprender uma nova tecnologia, aprender uma nova língua, tornar-me mais organizado, mais pontual, menos estressado, mais disposto etc. A lista é enorme, e são objetivos que dependem apenas da nossa própria ação.

No jogo externo estão a casa que quero comprar, o carro, a viagem que quero fazer, o aumento de renda, o casamento que desejo, o filho que gostaria de ter.

> O jogo externo está associado ao que queremos ter, e o jogo interno, ao que queremos ser.

Dentro do processo de Coach de Vida, o meu trabalho é levar a responsabilidade de forma individual para cada pessoa. Casais, por exemplo, passam muito tempo discutindo sobre o tipo de parceiro que gostariam de ter e o tipo de casamento que gostariam de viver.

Essa reflexão é válida, mas o ponto de partida não é esse. O foco inicial é saber que tipo de parceiro você quer ser. E mais, que tipo de pessoa você quer ser na vida, de forma geral, e entender que tipo de pessoa o seu parceiro ainda quer ser quando crescer. Não na perspectiva de uma criança, ou de um adulto analisando o seu passado, mas sim na perspectiva do que ainda queremos viver, do que ainda queremos melhorar, do que ainda queremos nos tornar.

Se eu entendo quem sou, e tenho clareza sobre o tipo de marido que quero ser, começo a refletir sobre o meu relacionamento de forma diferente da convencional. Somente depois de conseguir ser exatamente o companheiro que quero ser posso questionar a parceira que quero ter de uma forma mais construtiva. E esta é a capacidade de vencer o jogo interno: ser quem queremos ser. Para então vencer no jogo externo.

Você tem o hábito de pensar em metas para a sua vida? Em caso positivo, costuma fazer isso também fora da época de ano-novo? Se costuma, nas suas metas há questões ligadas ao jogo interno? Ou suas metas são apenas aquilo que você quer ter?

De forma geral, percebo que a maioria das pessoas que planejam (que já são minoria) não costuma pensar sob a perspectiva de jogo interno.

E o mais interessante é que tudo, absolutamente tudo, que está associado ao ter é possível ser perdido. Enquanto no jogo interno nada se perde. Eu não tenho como perder aquilo que aprendi, a pessoa que me tornei, a menos que queira. As pessoas que conheci e os desafios que vivi me tornaram como sou, resultaram no que hoje é a minha essência. Somos frutos do que vivemos, e isso pode ser mutável a partir do que desejo, mas ninguém pode me tirar nada.

É comum ver pessoas que rapidamente vencem jogos externos mas não os sustentam, pois o jogo interno não está equilibrado. Pessoas que se tornam um sucesso, pelo menos pela ótica social, e não se sentem felizes. O jogo interno está perdido. E é por isso que volto a afirmar o que disse no início deste capítulo: passamos pouco tempo pensando a respeito do nosso real jogo.

No início da carreira como Coach de Vida, costumava seguir uma orientação passada nas formações de coaching que fiz e afirmar aos clientes que o processo tem um dia para terminar. Afinal, há um período pré-estipulado para o trabalho acontecer. Porém, com o tempo percebi que isso seria uma grande injustiça. O meu papel como coach é apenas alinhar, focar, motivar e equilibrar o que o cliente está fazendo em relação à vida que ele quer ter. Jamais digo o que precisa ser feito, mas trabalho no foco para que a ação seja tomada. Não julgo escolhas. É a vida do cliente, não a minha. E a mudança só ocorre de forma efetiva quando faz sentido. Dessa forma, a velocidade também não podia ser ditada por mim. A velocidade é do cliente. Cada pessoa, no seu íntimo, sabe qual é o melhor ritmo para os seus sonhos, suas metas ou mesmo suas mudanças de atitude.

Com isso, parei de trabalhar com um número máximo de encontros e fixei-me apenas na meta em si e no prazo que o cliente estipulou para tal. Resolvi esquecer conceitos teóricos e trabalhar na assertividade do ser humano.

> O jogo interno só é vencido de forma autêntica quando quem cria e aceita as regras é o próprio jogador. Caso contrário, estamos jogando um jogo que não é nosso.

Na perspectiva da gestão do tempo e da velocidade para uma mudança positiva, é importante entender a lógica que está por trás da conhecida frase: "Vou devagar, pois tenho pressa!".

Quando temos pressa, o lógico é fazer as coisas rapidamente. E fazer rapidamente costuma ser o oposto de fazer as coisas de forma coerente, alinhada, planejada e principalmente equilibrada com a pessoa que queremos ser. Portanto, parece-me muito mais assertivo ir devagar e garantir que chegaremos a uma nova posição de maneira sólida.

Antes de jogar o próprio jogo, é preciso definir que jogo é esse.

O processo de mudança real, de longo prazo (e não apenas por um momento), funciona exatamente assim. Devemos ter calma, serenidade e maturidade. Vamos devagar, pois afinal temos pressa.

Nesse caminhar, necessitamos de estímulos positivos. Algo que nos leve adiante de forma motivada.

O processo de mudança só ocorre fora da zona de conforto (no sentido da acomodação). Porém, ele só se sustenta se for realizado dentro de uma zona que chamo de zona de satisfação. As mudanças de atitude precisam ser feitas porque são satisfatórias.

Quer perder peso? Você precisa comer menos porque isso lhe dá satisfação, e não porque é o que diz a cartilha. Se for assim, um dia você voltará a comer muito.

Quer começar a fazer exercício físico? A mudança precisa ser interna, e o exercício físico deve produzir uma zona de satisfação.

Quer juntar dinheiro? Você não deve focar na punição de não poder comprar o que quer, mas sim no prazer de ter conseguido juntar.

> Trata-se de mudar as redes neurais e reaprender a partir das experiências satisfatórias. Mudar por prazer, e não por punição, obrigação ou medo.

Você deve colocar a sua mudança fora da zona de conforto, mas dentro da zona de satisfação.

O jogo interno precisa ser algo que gera satisfação. Isso não significa que seja fácil, mas precisa ter sentido na nossa vida.

Tendo a afirmar que o reconhecimento é uma das maiores fomes do ser humano. Temos necessidade de ser reconhecidos. Para alguns mais, para outros menos, mas ninguém está livre dessa necessidade.

Sendo assim, parece-me lógico que é justamente o reconhecimento o maior estímulo que um ser humano pode receber quando acerta algo, quando se aproxima daquilo que busca. E, infelizmente, as pessoas têm dificuldade em expressar reconhecimento. O mais usual é punir e criticar diante dos erros.

Na técnica pessoal de Coach de Vida que venho desenvolvendo, o foco deve estar no positivo. Naquilo que move as pessoas para cima, e não para baixo. Tentar repetir as atitudes positivas em função do reconhecimento que ganhamos. Procurar expressar reconhecimento aos outros como fonte de estímulo.

São justamente as poucas manifestações de reconhecimento que recebemos ao longo da vida que nos mantêm conectados em nossa jornada. E esses estímulos não costumam vir de coisas que fazemos com pressa. O reconhecimento acontece como resultado daquilo que fazemos bem-feito.

A mudança não é um fato isolado, e sim um processo. Tudo tem seu tempo e seu caminho. E toda mudança requer um tempo de adaptação, um tempo de treino. Passamos a vida em treinamento constante para ser melhores em nossa profissão. Desde a faculdade até cursos práticos, é inegável que todo profissional bem-sucedido passa por um período de dedicação e disposição. Ninguém chega a um ponto de sucesso (seja ele qual for) sem se preparar, sem treinar, estudar, evoluir. Se pela ótica da profissão essa questão parece óbvia, então por que nas questões mais íntimas não temos o hábito de seguir o mesmo modelo?

Conseguir se divertir, se soltar e vivenciar momentos de prazer também exige treino. Ser feliz no casamento, na relação com os filhos, no círculo de amizades igualmente requer prática.

Há quem já venha ao mundo com certas habilidades sociais, e esse processo se torna mais simples e rápido. Ainda assim, em determinado momento da vida precisou aprender um hábito. Formar uma boa rede de amizades e ter um bom diálogo nas relações íntimas são ações cognitivas. Todos nós temos a capacidade de ser bons nisso, basta querermos e entendermos que, assim como na vida profissional, isso exigirá dedicação.

Nesse processo evolutivo, duas palavras têm alta relevância: sequência e frequência.

Sequência é a capacidade que temos de valorizar cada pequeno passo e dessa forma nos sentirmos andando. Tão importante como saber quanto falta é saber quanto já se andou. A capacidade de sequência não nos permite a zona de conforto e, ao mesmo tempo, amplia a consciência sobre o fato de que sempre há um caminho a ser percorrido.

Frequência é a disciplina de que precisamos para evoluir em algum aspecto da vida. É o ato repetitivo de ensaiar, treinar e evoluir. É entender que a mudança não se dá em um fato único, e sim no conjunto de mudanças pequenas e cotidianas. É o exercício de lembrar que tal atividade precisa ser realizada em prol de uma vida melhor.

Essas duas palavras — sequência e frequência — estão sob o nosso domínio, por isso estão ligadas ao jogo interno. Ninguém pode nos propiciar sequência e frequência.

> Somos os responsáveis por provocar a mudança daquilo que queremos ver em nossa vida.

Lembro-me claramente de um cliente que me procurou para um trabalho de coaching em que pude perceber na prática essa relação entre jogo interno e jogo externo. Ele era sócio em um grupo de empresas com muitos funcionários e faturamento elevado.

Em nosso primeiro encontro, comentou que não se via como uma pessoa de sucesso. Sua autoimagem era nebulosa e não conseguia sentir o real valor de tudo aquilo que havia construído. Pessoas ao seu redor costumavam lhe fazer grandes elogios e com frequência era convidado para dar palestras e contar a sua história como profissional.

Mas algo estava desalinhado, e ele não sabia dizer o quê. Durante nossas conversas percebi que ele não sentia orgulho dos resultados alcançados e que a sua profissão não fazia muito sentido para ele. Era um executivo hábil, com alto grau de comprometimento com os resultados, mas, quando os alcançava, não via valor nisso.

Para mim era nítido que ele estava jogando um jogo que não era o dele. Descobri ao longo das nossas conversas que ele começou a carreira sendo o sucessor na empresa do pai, e que os outros negócios surgiram simplesmente do desejo de ter cada vez mais dinheiro. Nenhuma dessas escolhas tinha sido interna. Nenhuma atividade dele era fruto de um desejo, de uma vocação, e, pior, sua rotina não lhe dava prazer. Ele trabalhava muito, e bem, porque tinha apreço por fazer tudo muito bem-feito. E acredito que por isso alcançou patamares elevados de performance.

Mas esse não era o seu jogo, e não importava o tamanho da vitória, pois ela sempre seria apenas uma vitória externa.

A proposta não é relatar o que aconteceu com esse cliente, que hoje segue tendo suas empresas. Meu objetivo ao utilizar esse exemplo é provocar a reflexão de que, mesmo quando as coisas parecem boas, podemos estar desconectados dos nossos jogos internos.

Esse cliente abriu mais uma empresa, dessa vez por prazer, em uma área totalmente inusitada. Montou uma espécie de holding controladora e opera nas demais companhias apenas em cargos do conselho estratégico. Levou mais de um ano para conseguir alinhar todos esses pontos, mas somente quando os alinhou passou realmente a experimentar a sensação de vencer.

Deseje o troféu, o pódio, a medalha. Mas não jogue o seu jogo por eles. Jogue o jogo pelo prazer, pela satisfação, pela alegria. Jogue o jogo que faça sentido.

MUDANDO A PRÓPRIA SALA

Se hoje atuo de forma competente no trabalho de ajudar as pessoas a se transformar e tornar sua vida melhor, é porque tenho na base a minha própria transformação como maior incentivo para a minha jornada.

Tenho um histórico familiar de problemas relacionados a cefaleias e algumas patologias neurológicas, e há muitos anos tenho dores de cabeça com certa frequência. Juntando essas duas informações, resolvi finalmente marcar uma consulta com um neurologista para ver como andava a minha cabeça. Sempre gostei de observar crenças, pensamentos e diálogos internos, mas dessa vez era importante dar uma olhada na questão física em si.

Após uma série de questionamentos, o médico me disse que o meu caso era exclusivamente emocional. Questionou como andava a minha vida, minha rotina e meus hábitos. Conversamos um pouco e saí de lá decidido a tomar uma atitude em relação a algo que havia dois anos me incomodava, mas para o que me faltava coragem.

O Encantador de Pessoas

Em 2003, abri uma agência de marketing local em Porto Alegre. Idealizei um tipo de negócio e uma forma de prestar o serviço de inteligência em marketing que não existia. Não tinha inventado a roda, mas percebera que havia espaço para uma nova forma de pensar e trabalhar as questões de marketing. Convidei quatro amigos da faculdade para serem os sócios fundadores. Apresentei o projeto, e cada um colocaria pouco dinheiro em risco para a abertura da empresa. Na primeira reunião de formalização do negócio apareceu apenas um colega. E assim aceitamos o desafio de somente nós dois criarmos uma empresa com a pretensão de revolucionar o mercado de marketing.

Não vou me estender contando a história dessa empresa — o objetivo é relatar como saí dela. O fato é que o negócio cresceu muito. Em 2009, seis anos depois, estávamos diante de um crescimento acelerado. Tínhamos uma equipe grande de pessoas, clientes em todas as regiões brasileiras e um faturamento anual que ultrapassava a casa dos milhões de reais. Para uma empresa que nasceu da venda dos carros que tínhamos, meu e do meu sócio, o negócio chegou longe. Partimos de clientes locais para atender a marcas renomadas no Brasil e fora dele.

Foi nessa época que surgiu um cliente importante da área imobiliária. Ele ajudou no crescimento financeiro da empresa, demandando trabalho em diversos estados. Ao mesmo tempo, sem saber, passou a ajudar na tomada de uma importante decisão em minha vida. Era um cliente altamente rentável, mas com um nível de estresse na mesma proporção. Eu viajava muito a trabalho.

Cheguei a fazer nove voos em sete dias, participando de reuniões em oito cidades. A pressão por resultados expressivos ultrapassava a qualidade dos relacionamentos humanos. Convivíamos com ameaças de rompimento de contrato, telefonemas mal-educados, e-mails agressivos e arrogantes. Realmente tínhamos uma relação muito ruim com esse cliente. Foi nessa época que comecei a questionar a minha continuidade no negócio. Embora eu tenha sido o idealizador, a empresa já havia crescido e o meu papel mudara. Meu sócio passou a ter uma importância muito maior na operação do negócio, e a pressão interna e externa aumentara bastante. A empresa não era mais um espelho de tudo o que eu pensava, já tinha vida própria, estilo próprio, e eu perdera o controle.

Porém, uma decisão tomada com base na dor não costuma ser boa. É uma espécie de fuga de onde se está para terminar com o incômodo.

> Quando queremos fugir da dor, qualquer destino serve.

E, por ter essa consciência, não queria sair da empresa sem ter um plano montado.

Eu não podia sair do negócio de forma inconsequente, afinal sempre tive uma excelente relação de respeito com meu sócio e precisava encontrar o melhor caminho.

Nessas horas, nada melhor do que voltar às origens e fazer a velha pergunta: o que eu quero ser, ainda, quando crescer?

Mergulhei fundo em um processo terapêutico para me conectar a essa resposta. Nesse mergulho descobri todo o meu interesse em trabalhar com comportamento humano. Conectei-me com todos os cursos que havia feito, de forma paralela ao marketing, e algo dentro de mim sabia que esse seria o caminho.

Mas, embora as coisas sejam simples, não são fáceis. Não bastava saber a resposta, eu precisava enxergar um plano e tomar coragem para começar a agir.

Nessa época, veio a falecer meu avô materno, figura importantíssima na minha infância. Um momento de grande luto para mim. Esse avô era o oposto do mercado *business*. Ele veio de uma carreira militar, e sempre me ensinou que o que vale é a vida que se leva. Passou a vida priorizando os laços de afeto, carinho e compaixão. E somente com a morte dele percebi quanto dele havia em mim. Esse período de luto me ajudou ainda mais a perceber que a minha vida não apontava para a vida desejada.

Em seguida viajei para Portugal para fazer um curso na área de Visão Internacional de Gestão. Foi uma experiência muito gratificante. Perceber que faço parte de uma geração que está, de fato, colocando o Brasil em outros patamares internacionais motiva qualquer tipo de mudança e investimento na carreira.

Voltei para o Brasil decidido a vender a minha parte na empresa e mudar o rumo da minha carreira.

Porém, nesse ponto da linha do tempo, quero compartilhar uma reflexão. Eu tinha a convicção de que precisava mudar, mas não sabia exatamente o quê.

No processo de Coach de Vida, acredito que as grandes mudanças vêm sempre acompanhadas de medo, coragem e ação. Se uma dessas três palavras não estiver diante de uma decisão, é provável (não posso afirmar) que não venha a ser uma decisão tão impactante na vida. Além disso, acredito que, para realizar uma mudança efetiva, é importante haver equilíbrio entre raiva e prazer.

Raiva é um sentimento diferente de ódio. A parte que me agrada na raiva é que ela é composta de muita energia. Sentimentos como medo e tristeza, comumente observados em momentos de insatisfação e desejo de mudança, emanam baixa energia e costumam paralisar. Já a raiva provoca ação. A raiva move. É lógico que muitas vezes ela move para uma ação inadequada, mas esse é outro ponto, em que analisaremos a ação em si.

> A raiva, como sentimento isolado, pode ser positiva porque realmente leva as pessoas a fazer alguma coisa.

E, para garantir que a ação seja positiva, é importante equilibrá-la com o prazer. O desejo de busca do prazer (e da satisfação) também move. Nós nos esforçamos para alcançar momentos de prazer e um estilo de vida mais satisfatório, e focar nesses desejos nos mantém conectados com um plano de ação.

A forma interessante de equilibrar esses dois sentimentos é criar referências temporais. Raiva de algo no passado e prazer por algo no futuro.

No momento da mudança, é importante lembrar qual aspecto da vida passada não queremos mais repetir ou experimentar. E, nessa visão, despertar a raiva pode ser uma ótima pólvora para o início de uma transformação.

Paralelamente a isso, é muito importante saber que prazer buscamos. Qual é a vida satisfatória que queremos ter no lugar daquela que gera raiva. Trabalhar apenas a insatisfação passada nos leva a mudar, mas não garante que nos levará, de fato, para um lugar melhor. Já trabalhar apenas a satisfação futura pode gerar baixa energia e acabar nos deixando em uma zona de conforto com a justificativa de que a vida atual não está de todo ruim.

Voltando à questão-chave deste capítulo, eu precisava me decidir por uma nova carreira, que me "chamava" havia muitos anos. O momento tinha chegado.

Contratei uma coach para mim e iniciamos um trabalho de planejamento de mudança. Busquei formação em coaching e em outros cursos para complementar ainda mais os meus conhecimentos nas áreas de comportamento humano.

Depois reuni um grupo de amigos e comentei que estava iniciando uma carreira de coach, cujo foco estava no planejamento de vida com uma visão mais sistêmica, em que o resultado final é a felicidade.

Como o objetivo do capítulo é descrever apenas os pontos-chave de um processo de mudança que vivi, adianto que meus primeiros clientes de coaching surgiram, e assim estava criado, oficialmente, o início da minha carreira como coach.

Naquele momento eu tinha absoluta certeza de que era com isso que eu queria trabalhar. Percebi que a minha vocação estava nessa área e que as minhas habilidades, desenvolvidas ao longo dos anos de estudo, faziam diferença na vida das pessoas.

Talvez esse tenha sido o momento mais difícil da minha vida profissional. Eu estava seguro da decisão que precisava ser tomada, mas não tinha coragem para levá-la adiante. Tive crises de choro e angústia. Na época, compartilhei essas questões pessoais apenas com a minha esposa, minha terapeuta e minha coach — três mulheres importantíssimas naquele momento.

Minha esposa sempre foi muito companheira. Foi ela que realmente me ajudou a enxergar algo que sempre existiu dentro de mim, mas que por algum motivo havia se perdido. Foi justamente na busca por encontrar atalhos na vida e acelerar o crescimento que me perdi no caminho. Então, minha esposa me deu as mãos para esse reencontro. Minha terapeuta acompanhou toda a minha angústia e tristeza, que me impediam de agir. Lembro-me de que ao longo do processo terapêutico chegamos a criar uma imagem mental de uma espécie de elástico que me prendia, impedindo-me de seguir minha caminhada. E esse elástico precisava ser cortado.

Com a minha coach, tive a oportunidade de criar um plano de ação. Ela me incentivou a ter coragem para romper com certas seguranças e ir adiante em busca dos meus sonhos mais autênticos.

Mas na prática não era uma decisão fácil. Eu tinha medo das críticas externas e do preço que poderia pagar.

Uma análise interessante diante de decisões desse tipo é o que chamamos de ganhos e perdas. Propor um tempo de reflexão sobre o que se ganha e o que se perde em uma escolha. Geralmente sabemos de cor o que ganharemos caso consigamos cumprir nossas metas. Mas outra questão também é importante: o que perderemos para ganhar. Qual é o preço que será pago.

> Costumo dizer que para ter o que poucos têm é preciso fazer o que poucos fazem e estar disposto a pagar um preço que poucos pagam.

Cada escolha tem seu prêmio e seu preço. Saber o preço que pagaremos pelas consequências das nossas decisões é essencial para fazer a jornada. São justamente esses custos que poderão ser sabotadores no processo e que no futuro podem vir a ser as respostas que daremos para justificar a não realização dos nossos sonhos.

Diante de grandes processos de mudança, precisamos estar muito alinhados com o preço que poderemos pagar. O mais paradoxal é que sempre há alguém pagando pelas nossas escolhas, e são justamente as pessoas que mais amamos.

Por isso, é muito importante ter consciência do preço que estamos dispostos a pagar e ajustá-lo com as pessoas íntimas que podem sofrer algum tipo de impacto.

No caso, eu tinha dois planos com a minha esposa: ter o nosso primeiro filho e construir uma nova casa em um terreno recém-adquirido. Precisei reconsiderar essas duas decisões e postergá-las para outro momento da vida. Eu não estava em boas condições emocionais para lidar com isso, e sabia que a escolha de vender a empresa para me dedicar exclusivamente à carreira de coach poderia causar um impacto na minha vida financeira.

Refazer os planos com a minha esposa foi fácil, e isso serviu para me dar segurança. O difícil foi escolher sair de um negócio criado por mim. Foram semanas de dor de cabeça, enjoos, diarreia e muita tensão. Tive crises de insônia e momentos de choro silenciosos e envergonhados. Eu precisa desconstruir para reconstruir.

Não foi uma tarefa fácil, mas, como tudo na vida, é simples. São os nossos diálogos internos que costumam tornar o processo mais complicado do que de fato é.

Contar ao meu sócio foi um dos momentos mais difíceis. Senti-me como uma criança ao notar que tinha as pernas trêmulas diante desse diálogo. Ele acabou me ajudando muito, e conduzimos o processo de uma forma tranquila e justa para todos. Obviamente levamos um tempo até ajustar todo o processo, e nem tudo saiu como eu havia previsto. Mas, ainda assim, no fim tudo costuma ser mais simples e mais fácil do que costumamos fantasiar quando estamos vivenciando momentos tensos.

Durante esse processo de mudança e transição, lembro-me de ter ido visitar o meu avô paterno. Ele relembrou cursos que eu fiz quando tinha 15 anos, que demonstravam qual era a minha essência que havia ficado pelo caminho. Recordou cursos nas áreas de comportamento, gestão de pessoas e neurolinguística, que comecei a estudar muito cedo. Com o passar dos anos, eu me esquecera desse início, e aquele reencontro serviu como um grande estímulo para seguir em frente.

Hoje, olho para trás e tenho orgulho do que fiz. Decidi trabalhar com o propósito de ajudar as pessoas a mudar para ser mais felizes. Não é fácil, mas é possível. E o mais motivante é perceber uma mudança de paradigma no meu círculo social. Pessoas se aproximaram e pessoas se afastaram. Durante anos estive cercado de pessoas ricas, importantes e de sucesso. Mas estar com elas não me torna, necessariamente, rico, importante e bem-sucedido. Hoje a minha rede social é mais voltada para pessoas felizes, leves, bem-humoradas e com apreço pelo autoconhecimento. E, diferentemente do círculo social anterior, este sim acaba por me tornar mais feliz, mais leve, mais bem-humorado e desenvolve meu processo de autoconhecimento. Parece-me um círculo mais produtivo, em que literalmente dividimos para multiplicar.

Não tenho mais nenhum vínculo com a minha antiga empresa, embora ainda mantenha contato com ela e a admire. Tenho orgulho da carreira que construí como coach e sinto muito prazer em estar trabalhando nessa área.

Somos nós que definimos o que queremos na vida, e somos nós os grandes responsáveis por realizar essa jornada.

> Não podemos deixar a felicidade na mão dos outros. Precisamos nos tornar os agentes da mudança daquilo que queremos ver em nossa vida.

O processo de mudança é dolorido, incerto, tenso, triste, confrontador. Mas também é prazeroso, confiante, motivador e recompensador.

Hoje tenho plena convicção de que não somos reféns de nada na vida e que tudo pode ser mudado de acordo com o nosso comportamento. Somos os grandes sabotadores ou motivadores para vencer os jogos internos e, assim, vencer os próprios jogos.

Ainda tenho muito a caminhar na minha jornada como coach para chegar aonde moram os meus maiores sonhos, mas fico feliz de ter passado por tudo o que passei, pois isso me tornou mais forte e mais maduro.

A partir dessa vivência de transformação ficou muito mais fácil me conectar com todas as perdas que meus clientes relatam no processo de coaching diante de desafios de mudança. Para ter uma nova vida é necessário mudar velhas crenças.

Coincidência ou não, meus primeiros clientes de coaching vieram buscar ajuda em uma tomada de decisão de alto impacto na carreira e, por consequência, na vida pessoal.

Em especial, havia um cliente que tinha como meta pessoal estar entre os dez maiores advogados do Brasil em dez anos. Questionei-o sobre como saberíamos que ele estaria nessa posição e não obtive resposta. Na semana seguinte ele apareceu com uma revista nacional que apresentava um ranking dos cem maiores advogados de todo o país. Agora tínhamos uma referência tangível.

Juntos, estudamos quais os critérios que a revista avaliava e começamos a montar um plano de ação. Passamos algum tempo trabalhando em cima disso e em determinada sessão partimos para uma análise profunda de ganhos e perdas. Mapeamos tudo o que ele poderia perder para poder chegar à posição desejada. Avaliamos questões como casamento, filhos, amigos, lazer, hobbies. Revisamos combinações que deveriam ser feitas com a esposa e os atuais sócios.

Foi nesse momento que percebi nele um grau exagerado de desconforto. Ao ampliar a consciência do trajeto, ele passou a questionar o destino.

Convidei-o para participar de um workshop de imersão, para que ele tomasse posse das emoções mais naturais e pudesse visualizar os seus valores mais íntimos e importantes. Meu objetivo era que ele pudesse compreender tudo o que vinha pela frente, e, se estivesse de fato convicto de que era o que queria, o restante seria consequência.

Alguns dias depois do workshop voltamos a nos encontrar, e ele relatou duas longas conversas que teve com a esposa e com um sócio, depois das quais optou por modificar os seus planos pessoais. Continuava em busca de algo grandioso e ousado, mas estava disposto a ampliar o prazo e principalmente a criar algumas condições básicas para que essa meta acontecesse. Refizemos o plano operacional, que agora estava mais alinhado com seus reais valores. Tenho uma prova disso quando vejo o cliente ficar orgulhoso do plano que montou. Quando há brilho nos olhos, segurança e energia, o cliente está pronto para entrar em ação.

Usei esse cliente como exemplo porque acredito que para mudar a própria sala nem sempre é necessário mudar de sala. Pequenos ajustes podem fazer uma grande diferença.

Encerro este capítulo reforçando a convicção de que os resultados mais felizes da vida não costumam ser fáceis, mas são possíveis.

Que história você quer contar lá na frente quando perguntarem como foi sua vida?

A DIETA DOS PENSAMENTOS

Vivi boa parte da vida com problemas de sobrepeso. E foi justamente nessa questão que comecei a pôr em prática tudo o que estudei nos últimos anos sobre comportamento humano.

Como a maioria das pessoas que está acima do peso, já tentei diversas vezes fazer dieta. Acabo sempre emagrecendo, mas depois o peso volta. E assim foi por anos...

Emagrecer é ótimo, o difícil é fazer dieta! Pensando dessa forma, iniciei um longo processo de reflexão sobre o assunto.

Mas, antes de refletir a respeito da capacidade de emagrecer, é importante observar alguns conceitos sobre crenças, pois são elas que constituem o pilar central que interfere em nosso comportamento. São as crenças que temos sobre a vida que determinam nossos pensamentos diários. Estes influenciam diretamente nosso comportamento, atitudes e até mesmo a falta de ação. E a forma como agimos na prática é que determina os resultados que obtemos.

O Encantador de Pessoas

Essa é a cadeia que nos leva das crenças mais profundas à vida que temos hoje. Se algo não está saindo como queremos, é bom avaliar de trás para a frente e descobrir quais comportamentos estão gerando esses resultados, quais pensamentos nos levam a nos comportar de determinada forma e quais crenças alimentam esses pensamentos. Entender essa lógica explica muita coisa, amplia muito a nossa consciência e nos possibilita provocar mudanças mais concretas para posteriormente obter resultados realmente diferenciados.

> Quer resultados diferentes na sua vida? Você precisará passar a ter atitudes diferentes. Atitudes iguais levam a resultados já conhecidos.

Mas por que mudamos o nosso comportamento e com o tempo voltamos a agir como antes? Porque mudamos exclusivamente as nossas atitudes!

Não revemos os nossos pensamentos, nem mesmo as nossas crenças, e isso, com o tempo, volta a nos pressionar a continuar agindo da forma como sempre agimos (ou simplesmente a não agir). Ou seja, para mudar comportamentos, precisamos mudar crenças e pensamentos. Aí sim teremos novas formas de agir que passarão a ser de fato o nosso estilo, não porque simplesmente agora queremos, mas porque agora acreditamos nisso e principalmente porque substituímos crenças e pensamentos antigos, que agora passam a embasar novas atitudes.

Até mesmo as atitudes ilegais fazem parte dessa lógica. Uma pessoa só mata outra porque primeiro pensou que essa era uma possibilidade e, provavelmente, tem a crença de que precisava matar, como a única saída para algum objetivo pontual. É claro que não estou querendo justificar os assassinatos. Estou apenas demonstrando que todos os comportamentos foram antes processados por pensamentos, que se desenvolvem a partir daquilo que nos foi ensinado, daquilo que aprendemos e principalmente da crença de que determinada atitude é a única (ou a melhor) opção.

Para alguns tipos de comportamento essa lógica fica mais óbvia. Acredito que é no planejamento de carreira que essas questões ficam mais claras. Mas infelizmente não utilizamos o mesmo raciocínio para outros desafios, interesses e sonhos que temos na vida.

Quando pretendemos crescer na carreira, costumamos observar o que as pessoas que para nós são referência fazem, como pensam, falam e atuam. Existe uma parte do comportamento das pessoas bem-sucedidas que tem características similares. Médicos de sucesso falam, pensam e atuam de forma parecida. Isso também ocorre com advogados, esportistas, artistas, professores. A tendência é tentar entender como essas pessoas chegaram aonde estão e como podemos repetir alguns passos e nos aproximar dos nossos objetivos. Esse é um dos motivos por que biografias de pessoas de sucesso vendem tanto.

Agora vamos voltar ao título deste capítulo, que remete à dificuldade que cada vez mais pessoas têm: emagrecer.

Foi na volta de um feriado de Carnaval que me convenci de que estava na hora de perder peso. Perder não, pois tudo o que se perde pode se achar. Estava na hora de botar fora alguns quilos a mais que me incomodavam. Na realidade, temos dificuldade de admitir, mas eu estava muito acima do meu peso. Mais precisamente, 20 quilos. Porém, dessa vez não estava disposto a tentar mais uma dieta milagrosa e depois voltar a engordar. Queria rever meus comportamentos, pensamentos e crenças. Queria emagrecer e não voltar a engordar.

A maioria das dietas baseia-se em cortar determinada quantidade de alimento. E a comida é fonte de prazer para qualquer gordinho. Você já viu alguém acima do peso dizer que não gosta de comer? Parece até engraçado, mas realmente não existe, pelo menos eu nunca conheci. Nesse ponto cheguei à minha primeira conclusão sobre o assunto. Todo gordinho gosta de comida. E, se é assim, não podemos culpar a genética. Como uma conclusão puxa outra, eu me dei conta de que acreditava que meu destino era ser uma pessoa gorda. "Não tem volta, vou ser gordinho mesmo!" Muitas vezes me disse essa frase, como uma espécie de álibi para cometer o crime contra mim mesmo de comer muito além do que preciso.

Não há mente saudável sem um corpo saudável. Não estou me referindo a ser obcecado por saúde, mas sim a conquistar um corpo em boas condições para uma vida plena. Assim como não precisamos ser milionários para ser felizes, não precisamos ser atletas para estar realizados. Mas, ao mesmo tempo, fica difícil ter uma vida em plenitude quando a máquina que faz a vida acontecer na prática não está atuando da forma mais adequada. O sobrepeso é visível, e o corpo sempre apresenta sinais quando temos algo em escassez ou em excesso.

> Todos nós queremos uma vida abundante, mas não precisamos ter abundância no abdômen!

Que crença você tem sobre o seu corpo? Se está acima do peso, o que pensa sobre emagrecer? Se acreditar que é impossível perder peso pois seu destino é estar mais próximo de uma forma arredondada, então assim será!

Como disse anteriormente, a maioria das dietas é baseada em corte de alimentos, e isso é muito sacrifício para quem tem prazer em comer. Já fiz dietas em que cheguei a sonhar com sorvete e batata frita! O pior foi acordar no meio da noite e saber que não poderia saciar esse desejo, mesmo ele estando a poucos metros do meu quarto. É muito punitivo, e ninguém tolera levar uma vida se punindo, nem mesmo o mais masoquista dos humanos!

Sendo assim, pude chegar a outra conclusão: a redução de peso, para ser de longo prazo, precisa ser lenta, fixa e (por favor) não punitiva. Eu sabia que, se encontrasse uma forma de emagrecer sem deixar de comer batata frita e tomar o meu sorvete preferido, seria uma pessoa mais feliz! Mas isso é possível? A resposta eu ainda não tinha, mas algo dentro de mim me dizia que sim. A maioria das coisas ditas "impossíveis" é possível, desde que a gente entenda que caminho precisa ser percorrido e, principalmente, tenha coragem de percorrê-lo.

Resolvi estudar um pouco o assunto e entender mais sobre o comportamento das pessoas acima do peso ideal. Todas com que conversei tinham na ponta da língua uma desculpa para seus quilos a mais. E a maioria me disse que se tratava de questões genéticas, que sempre foram gordinhas e que assim seria para o resto da vida. Que tristeza! Como é possível estarmos predestinados a algo pela vida inteira? Essas respostas, muitas das quais eu mesmo usei durante toda a vida, não me convenciam mais. Culpar o ritmo de trabalho, a herança genética, a falta de tempo, o estresse ou qualquer outra coisa é muito pequeno para quem decidiu ter uma vida mais plena. E vamos lembrar: antes de tudo, ser feliz deve ser uma decisão.

Em 2011, o Ministério da Saúde fez um estudo e comprovou que 56% da população brasileira estava acima do peso. É muita gente! E aí, mais uma conclusão. Se eu encontrar uma nova reflexão sobre o assunto que possa ajudar as pessoas a emagrecer, terei um elevado número de gordinhos interessados! E isso é motivante! Poder se ajudar e ajudar os outros.

Outra informação importante que pesquisei: estudiosos americanos descobriram que a obesidade é contagiante. Conviver com pessoas obesas aumenta a probabilidade de engordar. De acordo com o autor da pesquisa, Daniel Hruschka, conviver com pessoas obesas torna a obesidade normal, além de, provavelmente, haver mais opções inadequadas de comida disponíveis nesses círculos. Logo, é possível concluir que a obesidade é comportamental e pouco genética.

Mas a grande sacada para a minha mudança surgiu em um evento. Eu já vinha refletindo sobre essas questões e, portanto, estava mais atento a tudo sobre o tema. Naquela noite, diante de um bufê de "delícias de friturinhas", uma mesa composta de pasteizinhos, rissoles, enroladinhos e tudo o mais que os gordinhos conhecem muito bem, eu me observei com um salgado em cada mão. Sim, isso mesmo! Na mão direita eu tinha um pastel e na esquerda já estava um rissole maravilhoso. Na hora me senti naqueles filmes em que o astro é iluminado por luzes dos anjos e a trilha sonora anuncia um grande descobrimento: "óóóóóóó"! Foi isso que aconteceu, eu me dei conta de que não podia culpar a genética e que o meu destino de pessoa gorda podia ser mudado. Você já viu alguém magro segurar dois salgadinhos ao mesmo tempo estando do lado de um bufê? Eu nunca vi! Foi possível concluir que certos comportamentos são típicos de pessoas gordinhas e outros são típicos de pessoas magras. E, assim como fazemos na carreira, era hora de eu entender essas diferenças de hábitos e estilo e começar a me identificar com as atitudes das pessoas magras. Estava claro que eu podia mudar a minha crença, que precisava mudar meus pensamentos. Assim, minha maneira de comer, na prática, começaria a mudar, sem punição.

> ## Você pensa como uma pessoa gorda ou como uma pessoa magra?

Você age como gordo ou como magro? Se está acima do peso, espero, a esta altura do capítulo, que já tenha parado de usar a mesma coleção de justificativas e percebido que são suas atitudes que o tornam uma pessoa com quilos a mais — e que essas atitudes são reflexo do que você pensa e acredita.

Passei a observar o comportamento das pessoas diante da comida em todos os lugares a que ia, e essa observação começou a ficar divertida. Veja os exemplos que vou dar e faça você mesmo esse tipo de observação. Você verá que gordos agem como gordos e magros agem como magros, assim como os ricos e os pobres, os atletas e os sedentários, os bem-humorados e os mal-humorados, os pessimistas e os otimistas e assim por diante.

Algumas semanas depois desse episódio iluminado, tive a oportunidade de ir a um casamento com atraentes opções no bufê. E foi justamente na hora de escolher os doces que me diverti notando a diferença na forma como as pessoas agiam diante daquelas tentadoras opções. Os magros chegavam perto do bufê e olhavam todo o balcão, circulando e observando todas as opções; depois escolhiam um para comer e saíam sorridentes. Já os gordinhos ("inhos" porque assim fica menos agressivo) chegavam ao bufê e já pegavam direto o primeiro doce que viam e o colocavam inteiro na boca. Somente enquanto comiam o primeiro doce é que começavam a explorar detalhadamente todas as opções que havia na mesa. Escolhiam um segundo doce e depois levavam um terceiro na mão para comer na sequência, deixando o bufê também sorridentes.

Percebe a diferença? Ambos saíam sorridentes do bufê, pois o que os deixava feliz era a festa em si, os amigos e a comemoração. A sobremesa pouco influenciava a felicidade daquele momento, mas mesmo assim as pessoas acima do peso comiam, em média, três doces, enquanto os magros comiam apenas um por ida ao bufê. Quero deixar claro que este não é um estudo científico, é apenas uma observação que pode ser feita por qualquer um. Repeti muitas vezes essa observação em restaurantes, praças de alimentação de shoppings e até mesmo em conversas sobre o local em que iríamos comer. Os gordos querem um lugar onde a fartura de comida esteja disponível. Os magros preferem lugares onde o sabor da comida seja mais importante que a quantidade. Você já viu uma pessoa magra chegar a um local e já querer logo saber qual vai ser a sobremesa? Já viu uma pessoa magra ficar desesperada porque a fila do bufê é grande? Salvo situações de muita fome e/ou extremo desejo, o dia a dia das pessoas magras é muito diferente do das gordinhas devido ao seu estilo de comportamento para se alimentar.

Para não ficar apenas na minha experiência, resolvi verificar se existia algum estudo que comprovasse as observações que vinha fazendo. Descobri uma pesquisa realizada havia alguns anos pela revista *Obesity*[1], que comprovou certas características de comportamento entre pessoas com peso ideal e pessoas com sobrepeso (ou até mesmo obesas). O estudo foi feito mediante a classificação de pessoas com IMC (índice de massa corporal) normal e pessoas com IMC acima do ideal. As pessoas do grupo 1 (IMC normal) tendiam a sentar-se de costas para o bufê, enquanto as do grupo 2 (IMC acima do ideal) costumavam se sentar em locais de onde pudessem ver a comida. O grupo 1 olha todo o bufê antes de se servir, ao passo que o grupo 2 não faz uma avaliação e costuma chegar ao fim do bufê com comida empilhada

---

[1] WANSINK, B.; PAYNE; C.R. Eating behavior and obesity at Chinese buffets. *Obesity*. 16(8):1957-60, 2008.

O ENCANTADOR DE PESSOAS

em cima do prato, mesmo sabendo que poderá voltar a se servir. Diante de uma quantidade igual de alimento, as pessoas do grupo 1 levavam mais tempo para comer do que as do grupo 2, que se alimentava de forma muito mais acelerada.

Ainda acredita que podemos culpar o nosso DNA por estar acima do peso? Não sou médico e não quero, neste capítulo, defender a ideia de que não existem doenças e/ou propensões genéticas para engordar. Porém, como profissional de coaching que estuda o comportamento humano, não acredito que todos os gordinhos são o que são porque têm problemas de saúde. Todas essas diferenças de comportamento não podem ser mero acaso. Como comer menos se você entra em um bufê e não planeja o que vai consumir? Como evitar repetir se está diante de várias opções de comida que muito lhe apetecem? Como parar de comer enquanto todos em volta ainda estão comendo e você só terminou porque come mais rápido que os demais? Como consumir menos sobremesa se você enche as mãos com doces, utilizando como álibi a afirmação de que é uma festa especial que não vai se repetir?

Mesmo que você faça parte de um grupo seleto de pessoas que têm, de fato, problemas de saúde devido à tendência a engordar, provavelmente também deve reproduzir muitos dos exemplos citados. Além disso, culpar fatores sobre os quais não temos controle é muito fácil. Difícil é culpar aquilo que podemos mudar, porque nesse caso a responsabilidade da mudança é nossa. É esse aspecto que sempre trabalhei com meus *coachees* e era isso que estava determinado a fazer na minha história de vida para mudar o meu futuro de pessoa que morreria com quilos a mais pendurados no corpo.

A partir de todas essas conclusões, decidi mudar primeiro a mente para depois mudar o corpo. Não queria emagrecer me privando de certos prazeres. Queria emagrecer pelo simples fato de estar pensando como magro e, por consequência, agindo como tal. Eu precisava entender que comer o que quiser é diferente de comer quanto quiser.

Além disso, considerei importante complementar esse momento com alguma atividade física, então passei a correr e a praticar pilates. Mas deixarei para comentar essa questão específica em outro capítulo.

Foi importante fixar uma meta com um prazo adequado. Eu sabia que dessa vez teria de ser um processo de mudança muito maior do que uma dieta isolada, e que, portanto, necessitaria de mais tempo. Sempre acreditei que mais importante do que a velocidade é a direção. Sempre fui ansioso por resultados rápidos, mas as maiores conquistas da minha vida não vieram de um dia para o outro, mas surgiram por meio de um plano claro e determinado, com uma direção muito definida. Sendo assim, não estava preocupado em perder todo o meu excesso em um período curto, mas sim ao longo do tempo. Decidi emagrecer 20 quilos em um ano. Fixei a data e comecei a colocar em prática todas as conclusões a que havia chegado nesse período de observações e reflexões.

A primeira atitude foi começar a perceber todos os excessos que eu cometia. Agora que já havia entendido a diferença no comportamento das pessoas na faixa de peso ideal para mim, essa tarefa ficava mais fácil. Logo foi possível identificar muitos comportamentos inadequados — desde me alimentar mal até repetir porções com frequência muito alta. Eu tinha o hábito de não almoçar, e isso fazia a janta se tornar uma refeição muito voraz para mim. Pessoas magras não são assim porque não comem. São assim porque comem da forma correta e na quantidade adequada, de acordo com sua necessidade física. Para piorar, eu tinha hábitos clássicos de quem precisa perder peso. Comia muitos doces e bebia muito vinho. Uma combinação perfeita para continuar engordando. Sabia que não precisava (como de fato não precisei) deixar de comer doces nem de beber vinho, mas que isso tinha de estar mais alinhado com a minha real necessidade de prazer.

Certa vez tive a oportunidade de conversar com um cardiologista famoso na minha cidade, que sempre defendeu a teoria de que prazeres não matam as pessoas. Está mais do que comprovado que gordura, álcool e fumo matam por diferentes motivos, entre eles os problemas cardíacos. Esse médico comentou que nunca pegou um caso de paciente que consumisse alimentos pesados, bebesse álcool ou fumasse exclusivamente por prazer. Acrescentou que na maioria das vezes as pessoas praticam esses hábitos diariamente e dizem que o fazem por prazer. Na visão do cardiologista, qualquer tipo de hábito diário ou é rotina ou é vício, e, este sim, pode matar. Isso não quer dizer que as pessoas não sintam de fato prazer na rotina ou no vício, mas elas repetem essas atitudes justamente porque estão viciadas nelas.

Para mim, vinho sempre foi um prazer. O curioso foi me dar conta de que sempre entendi que bebia vinho por prazer, mas acabava bebendo com uma frequência enorme. A cada garrafa, um motivo diferente. Ou era para brindar algo, ou para acompanhar amigos, ou para experimentar uma nova marca, e assim por diante. Sempre temos um motivo para justificar nossos comportamentos mais inadequados, e dificilmente assumimos que estamos viciados ou que nos tornamos repetitivos em algo que não nos faz bem. Esse foi um dos primeiros pensamentos que alterei após mudar a crença de que o meu destino seria ser uma pessoa gorda. Eu poderia me tornar uma pessoa magra e não precisava tomar vinho diariamente para ter prazer. Obviamente, esse era apenas um dos pensamentos que eu estava disposto a rever.

No processo de coaching, utilizo uma pergunta que ajuda muito a avaliar se o comportamento que temos em determinada situação está de acordo com os nossos objetivos: o que vou fazer (ou estou fazendo) me aproxima ou me afasta do meu objetivo?

Beber vinho todos os dias me aproxima ou me afasta do objetivo de perder 20 quilos? É claro que, assim como eu, você sabe a resposta: afasta! Para toda meta de vida precisamos definir quais os bônus e quais os ônus que teremos. Emagrecer 20 quilos não seria uma barbada, mas, independentemente do tamanho do desafio, tinha de ser prazeroso e contínuo. Por isso, muitas vezes me pego até hoje fazendo essa pergunta diante de comportamentos alimentares. E, sempre que a resposta é "afasta", uma luz de alerta se acende para mim. Isso não quer dizer que algumas vezes não tenha comido algo que eu sabia que me afastaria da meta. A questão é que isso agora era muito mais consciente. Vale lembrar que eu

O ENCANTADOR DE PESSOAS

não procurava uma dieta punitiva, portanto nem sempre iria abdicar de algo por estar me afastando do meu objetivo. Porém, quando a resposta "afasta" começa a se tornar frequente, é sinal de que preciso rever as minhas escolhas.

Você se lembra de quando comentei que até mesmo para ser feliz temos trabalho pela frente? Então, agora era hora de entender isso na prática. Emagrecer não seria fácil, haveria diversas mudanças que eu precisaria implementar. Para sermos bons em determinada atividade, temos de exercitar. Aliás, para ser bom mesmo, precisamos exercitar muito.

> No início, todo exercício é difícil e frustrante porque ainda não estamos bons naquilo que nos propusemos a praticar.

Fica a sensação de que não conseguiremos dominar o exercício. Porém, com a determinação de continuar exercitando, praticando, treinando e reavaliando a cada momento, conseguimos melhorar a nossa performance e então começar a experimentar a sensação de ter conseguido absorver uma nova técnica. Com isso, muitas vezes ficamos motivados a continuar exercitando e aperfeiçoando. E, para conseguir que um novo comportamento seja posto em prática como uma mudança real e durável, é preciso exercitar. E muito!

Lembre-se de quando você começou a andar de bicicleta. Provavelmente tinha medo de cair e se machucar. Além disso, havia dois pedais, um guidão com dois punhos e duas alavancas de freio, e você ainda não sabia a diferença entre eles. No início, ter de se concentrar em tudo aquilo e ainda se equilibrar gerava pânico. Mas se hoje você anda de bicicleta é porque um dia exercitou muito. Você subia no banco e pensava em tudo o que tinha de fazer, lembrava-se dos conselhos das pessoas que o ensinaram a pedalar e acreditava que um dia conseguiria fazê-lo. Mas e hoje? Você ainda sobe na bicicleta e pensa em tudo isso ou simplesmente sobe e pedala? Com certeza você sobe e pedala. Não pensa mais em tudo o que tem de fazer. Esse exercício ficou registrado e nem precisa ser pensado para ser executado.

Isso pode ter ocorrido da mesma forma em outras experiências. Quando você começou a dirigir, quando aprendeu uma nova língua, quando aprendeu um esporte, uma técnica, uma receita, uma nova tecnologia. No começo precisamos exercitar fisicamente e com o cérebro em conjunto. Precisamos pensar em tudo o que tem de ser feito e depois começar a fazer. Porém, ao longo do tempo, de tanto exercitarmos, o processo passa a ser lógico para nós e não precisamos mais pensar. Já se tornou algo óbvio para o corpo e a mente.

Parar para pensar nos meus hábitos alimentares – questionar se determinado comportamento me afastava ou me aproximava do meu objetivo de me tornar magro e constatar que eu não precisava repetir um prato porque já estava satisfeito – tinha de ser um exercício. Pensar e praticar! Pensar e praticar! Pensar e praticar!

Em determinado momento, essas mudanças passaram a ser as minhas regras, e me vi muitas vezes tomando a decisão de comer menos ou abdicar de algumas calorias a mais de forma automática. O corpo se adapta às nossas decisões!

Dessa forma, de fato não precisei cortar nenhum alimento da minha rotina. Apenas passei a consumir certos itens com menos frequência e, principalmente, em menor quantidade.

Eu já havia feito essas reduções em outros momentos da minha vida. Mas dessa vez elas faziam sentido para mim. Não estava reduzindo exclusivamente para perder peso, mas porque queria mudar crenças, pensamentos, hábitos, comportamentos e, por fim, resultados.

Nesse processo, considerei outra premissa que utilizo em coaching: curta o caminho! Existe uma frase de Martin Luther King que levei alguns anos para entender na prática: "Você não precisa enxergar toda a escada, apenas dê o primeiro passo!". É isso!

Não podemos colocar todo o prazer, a ideia de comemoração e a sensação de vitória somente no objetivo final. Precisamos curtir o caminho. Se não dermos valor à caminhada, jamais chegaremos ao fim.

Perder 20 quilos era muito, e eu sabia que não poderia comemorar apenas no dia em que esse peso todo tivesse saído do meu corpo. Eu precisava curtir o caminho, me manter motivado e, principalmente, feliz.

Estudos comprovam que pessoas felizes com seu corpo emagrecem 25% a mais do que pessoas que não gostam do que veem no espelho.

Ninguém viu quando perdi 2 quilos, mas eu sabia que aquele era o primeiro passo, que eu havia subido o primeiro degrau. E, por mais longe que estivesse o topo dessa escada, de alguma forma eu estava mais perto dele.

Mas, por favor, querido leitor, não brinde à redução de alguns quilos com um belo e suculento jantar! Encontre outras formas de curtir o caminho. Olhe-se no espelho, compre um novo cinto, uma nova calça, vá passear, agradeça por esse primeiro resultado, avise aos outros que você já começou a emagrecer, dê a alguém uma peça de roupa que você sabe que não usará mais. O importante é curtir o caminho! Cada um tem sua forma de buscar prazer, mas não deixe de comemorar! Deixar toda a celebração para o fim torna o caminho amargo e distante, e isso acaba se transformando num grande sabotador, que nos afasta das nossas metas.

Uma das técnicas que utilizei para apoiar a ideia de curtir o caminho foi comprar uma balança e me pesar todos os dias! Sim, todos os dias! No mesmo horário e nas mesmas condições. Não criei o compromisso de emagrecer todos os dias. Eu sabia que a meta de perder 20 quilos em um ano era razoavelmente fácil. Os objetivos de me pesar todos os dias eram dois: 1) Começar a entender como o meu corpo reagia a cada comportamento. Conseguir entender exatamente o que me fazia ganhar ou perder peso, mesmo que somente alguns gramas. Entender o que me afastava e o que me aproximava da meta de perder 20 quilos ampliou minha consciência e me permitiu tomar decisões mais apropriadas para cada novo evento. 2) Manter-me conectado com o meu objetivo. É claro que muitas vezes me pesei e vi que havia engordado de um dia para o outro. Mas isso não podia se repetir por muitos dias seguidos, pois se acontecesse eu estaria me afastando do meu objetivo final. Nunca me frustrei ao ver meu peso subir em determinados dias. Faz parte do caminho, e eu estava curtindo! Passei a tomar sorvete e beber vinho realmente buscando prazer, e não mais como rotina. Algumas vezes isso me fez aumentar um pouquinho o peso, mas agora esse fato não me incomodava. Na verdade, me motivava para no dia seguinte lembrar que eu não precisava ter o mesmo prazer novamente, e assim continuava a perder peso. Coloquei como referência para mim que a cada sexta-feira eu precisava estar mais leve do que na sexta-feira anterior. Isso sim era prioritário, ou eu estaria me afastando do meu objetivo.

Mudanças de hábito de fato aconteceram. Mudei minha forma de pensar e posteriormente de agir. Cumpri minha meta em um período menor do que um ano (em exatos dez meses) e consegui me manter nesse peso.

Hoje não preciso mais pensar em tudo o que passei dez meses pensando. A mudança de hábito foi incorporada pela minha mente e pelo meu corpo.

O mais curioso é que ainda tenho o hábito de observar, em determinadas situações, como as pessoas se alimentam, e continuo reforçando a minha ideia de que a maioria está acima do peso porque se comporta como uma pessoa acima do peso.

Revendo fotos e vídeos antigos, sinto uma mistura de felicidade e vergonha ao lembrar as minhas atitudes e o meu peso.

Você gostaria de emagrecer? Se a resposta for sim, preste atenção nas perguntas a seguir:

Tudo o que compartilhei neste capítulo faz sentido para você?

De zero a dez, quanto você está comprometido em mudar isso?

Se não deu nota dez, o que falta para dar?

O que você pode fazer hoje para começar a se aproximar do seu objetivo?

Muitas pessoas mundo afora emagreceram e nunca mais voltaram a engordar. Por que você não poderia? Coloque energia no presente e foco no futuro! Comece e curta o caminho!

AUTÊNTICA TACADA

Sabe aquele aluno que sempre foi o último a ser escolhido para compor um time na escola? Fui eu! Sempre fui assim, desde que me conheço por gente. Eu ia tão mal nos esportes que cheguei, por mais de uma vez, a ficar em recuperação no final do ano na disciplina de educação física. Estava acima do peso, tinha problemas respiratórios, pouca elasticidade, baixa resistência física, e os meus músculos só eram melhores que os de crianças recém-nascidas!

Passei toda a infância e a adolescência sendo o "mico" em qualquer modalidade esportiva. Já havia criado como defesa uma série de justificativas para ficar fora de qualquer atividade desse tipo. Não importava se era na escola ou entre amigos na praia. Sempre preferi me manter fora de qualquer tipo de jogo e assim não deflagrar as minhas dificuldades nessa área.

Ter vivido assim por mais de 20 anos me levou a reforçar a crença de que o meu destino era ser um fracasso em qualquer esporte. Meus pensamentos eram

O ENCANTADOR DE PESSOAS

limitantes e meu comportamento apenas me levava a continuar sendo um derrotado em qualquer atividade na qual precisasse me movimentar. Investi muito em questões mais intelectualizadas para, de alguma forma, acreditar que eu estava compensando essa fraqueza. E, como sempre fugi de quadras de esporte, nas raras vezes em que tentei brincar, até mesmo com crianças da minha família, sempre me saí mal.

Nenhum grande atleta é bom em determinada categoria porque nasceu com o esporte já aprendido. Não importa se você acredita em dom ou não, todos os grandes gênios esportistas que conheci se tornaram bons porque praticaram muito. E, como a maioria dos esportes pode ser praticada em idades iniciais, qualquer pessoa "normal", ao chegar aos 20 anos, já exercitou muitas horas de diferentes modalidades. Como no meu caso não foi isso que aconteceu, aos 20 anos a minha habilidade esportiva era totalmente incompatível com a de pessoas da mesma idade. E, quanto mais o tempo passava, mais incompatível ficava. Imagine uma atividade física que você praticou diversas vezes na vida — seja como exercício, brincadeira ou por prazer. Se você não passou a vida no banco de reservas como eu, certamente tem um número razoável de práticas.

Segundo Malcolm Gladwell, autor do livro *Fora de série*, as pessoas mais brilhantes em suas atividades chegaram aonde chegaram porque praticaram pelo menos 10 mil horas do mesmo exercício. Foi assim com músicos, artistas, físicos, médicos, esportistas e todos os profissionais de forma geral.

Sempre fui fã de automobilismo e sou da geração fanática por Ayrton Senna, que, para mim, além de um grande piloto, foi um grande homem. Para muitos comentaristas e críticos, Ayrton Senna tinha o dom de correr em dias de chuva, com a pista molhada. O que poucos sabem é que talvez Senna tenha sido o piloto que mais treinou na chuva. Segundo relatos da família, bastava chover que ele já ia para o autódromo treinar, desde os seus 7 anos. Enquanto todos iam para casa, fugindo do mau tempo, Senna transformava uma determinação e um exercício em algo que muitos anos depois se tornaria um verdadeiro dom.

Uso esse exemplo para demonstrar que, se uma pessoa quisesse se tornar um bom piloto em pista molhada aos 20 anos de idade, teria uma enorme dificuldade de vencer Ayrton Senna, que começou essa prática muito antes e acumulou horas de treino em quantidade bem maior, o que o tornava nitidamente superior.

Retornando ao meu caso específico, 30 anos depois resolvi me dedicar a um esporte. Encantei-me com o golfe e resolvi investir nessa modalidade.

Imagino que você possa estar pensando que o golfe é muito fácil e de pouca movimentação, por isso o escolhi. Quer saber? Você tem razão.

Porém, o esporte não é fácil.

Foi justamente em uma aula de golfe que tive a inspiração para o título deste capítulo. Acredito que o golfe seja o esporte que possui mais variáveis para uma boa performance. É o tipo de taco, posição da bola, tipo de terreno, vento, posição das pernas, dos braços, ombros e dedos. Tudo influencia a tacada a ser dada. Além disso, o golfe é um dos poucos esportes em que o intervalo de tempo entre uma movimentação e outra é muito grande.

> Na maioria dos esportes, você precisa tomar uma decisão de movimento em pouco tempo. No golfe, esse intervalo é muito maior.

E nesse momento há espaço para muito diálogo interno.

Trabalhando com coaching esportivo, percebi na prática que os esportistas precisam diferenciar o que é treino e o que é campeonato.

Durante um treino, a capacidade analítica e até mesmo de crítica interna é válida para que o esportista avalie onde estão os possíveis erros ou pontos de melhora. Porém, durante um campeonato não há a possibilidade de repetir um movimento, e nesse caso o foco deve estar em simplesmente jogar. Fazer aquilo que o corpo já aprendeu que precisa ser feito. A conversa interna só prejudica o desempenho.

Nos últimos tempos tive a oportunidade de trabalhar com alguns clientes na área de coaching esportivo e vivenciar na prática essa teoria. Destaco em especial um cliente, também praticante de golfe, que inclusive me inspirou a tornar esse o meu esporte favorito.

Por questão de sigilo, vou chamá-lo de Paulo.

Paulo já havia ganhado uma série de títulos, mas por algum motivo perdera sua performance vencedora. Como dizem os golfistas, ele tinha perdido do *swing* — movimento corporal completo para dar a tacada — dele.

Como vimos no capítulo sobre jogo interno e jogo externo, o meu papel como coach é estar focado no jogo interno. Não tenho habilidade técnica para questionar nenhum comportamento externo a respeito do desempenho visível de Paulo no campo. O meu objetivo era acessar o que se passava na mente dele durante os torneios. Nem mesmo ele tinha clareza dos seus pensamentos, e no início do trabalho comigo encontrava-se extremamente desmotivado com a própria carreira.

Ao contrário de mim, Paulo vivia do golfe e sua meta era se tornar um grande campeão. Assim, iniciamos o trabalho com foco na autoimagem que ele tinha a respeito da sua performance e da sua carreira.

Particularmente, nunca vi um profissional de sucesso que não acreditasse na sua capacidade de ser cada vez melhor.

> A energia da conquista é quase visível para quem está atento ao comportamento das pessoas vencedoras.

Tom de voz, postura corporal, linguagem. A maneira como esses profissionais se conectam com aquilo que fazem demonstra a qualidade da relação entre o esportista e o esporte.

Para mim, era visível que Paulo estava na energia derrotada. Não havia a crença de que conseguiria ser campeão.

Outro ponto-chave no processo de desenvolver a capacidade das pessoas a ponto de se tornarem campeãs naquilo que buscam é a fome de reconhecimento. Todos nós passamos a vida procurando ser reconhecidos. Cada um faz um caminho, tem uma forma e conta com determinado grupo de pessoas. Mas é inerente ao ser humano querer sentir que tem valor. Às vezes negamos isso, mas todos nós precisamos saber que pelo menos alguém nos dá valor.

Vejo, no processo de coaching individual, grandes empresários, ricos e famosos, assumirem que até hoje precisam ouvir dos pais que eles são "os caras". Por mais que cresçamos, e por mais realizados que possamos estar, sempre há essa necessidade de autoafirmação.

Com Paulo não era diferente. Ele queria ser reconhecido, e essa era justamente a mola propulsora que faltava em sua carreira. Desenvolvemos um trabalho de retrospecto de tudo o que ele havia conquistado na vida e mapeamos a energia que ele emanava quando isso era ativado na memória. Junto com a medição dos batimentos cardíacos, conseguimos entender que tipo de sensações Paulo tinha ao se lembrar de suas vitórias.

O que me chamava muito a atenção é que durante os treinos a performance dele era surpreendentemente positiva — muito superior à dos demais, o que muitas vezes o levava a ser visto como favorito.

Porém, bastava iniciar o torneio e a pressão tornar-se maior para os erros começarem a acontecer. Paulo não tinha a consciência e o controle dos seus pensamentos, e o início do trabalho foi focado nos jogos internos, que precisavam ser vencidos. Ao longo de muitos exercícios, ficou evidente que a cada erro em torneios Paulo iniciava um ciclo de diálogos internos críticos e negativos.

Seus batimentos cardíacos disparavam, as mãos suavam e o seu foco era perdido. Como uma espécie de fantasia infantil, ele passava a acreditar que tudo daria errado a partir de uma tacada malfeita, como se não existisse a possibilidade de se recuperar de um mau início. Essa opção não estava acessível à mente dele, e no jogo interno ele era sempre derrotado. Por consequência, já sabíamos qual seria o resultado do jogo externo.

O mais incrível era que, a cada resultado desfavorável no jogo externo, mais reforçada ficava a derrota no jogo interno. Funcionava como uma espécie de ciclo vicioso de maus resultados.

Precisávamos então acalmar a mente de Paulo e trabalhar com o foco exclusivamente naquilo que seu corpo já sabia fazer. Passamos uma série de treinos focados em pensamentos positivos, ausência de pensamentos e mapeamento das reações corporais em zona de relaxamento. Quando alcançávamos níveis reduzidos de batimentos cardíacos, os resultados do jogo interno eram favoráveis, pois havia total concentração da mente. Porém, no jogo externo os resultados não eram tão positivos. Faltava a energia necessária para uma tacada perfeita.

Precisávamos encontrar um equilíbrio entre o jogo interno e o externo. Precisávamos encontrar a autêntica tacada.

Tínhamos encontros de coaching no meu escritório, onde mapeávamos crenças e pensamentos sabotadores, ganhos e perdas para o jogo escolhido, transações dos diálogos internos e fatos relevantes do cotidiano. Também tínhamos encontros no campo, para ver na prática o resultado de tudo o que estávamos estudando juntos. E assim iniciamos um estudo detalhado para encontrar esse ponto máximo da sua performance. O batimento cardíaco vencedor, o pensamento vencedor, a energia vencedora, a postura corporal e a visualização otimista dos fatos que estavam ocorrendo sem perder a capacidade analítica do seu próprio jogo externo.

É um treino. Um treino exaustivo.

Como disse antes, não conheço pessoas vencedoras que não tenham treinado por muitas horas para chegar aonde chegaram. Uma vez mapeada a autêntica tacada de Paulo, precisávamos agora de muito treino para sempre acessar esse ponto de equilíbrio.

Lembro-me da primeira vez em que encontramos essa combinação perfeita, que o levaria para a zona de vitória. Foi emocionante. Estávamos em uma área de treino, e, quando tudo ficou alinhado no seu jogo interno, pedi que ele passasse a tacar todas as bolas em sequência, apenas sentindo o corpo bater na bola. Que visualizasse o taco como extensão do seu corpo e simplesmente tacasse. O efeito foi lindo. Uma sequência de mais de 15 tacadas, todas levando a bola exatamente aonde desejava. E o mais encantador foi quando pedi que Paulo fechasse os olhos e apenas continuasse tacando. Eu posicionava cada nova bola e ele seguia os movimentos. Os resultados não se alteraram. As bolas continuavam indo para o mesmo destino. Paulo quase não acreditou quando abriu os olhos. Estávamos diante da comprovação da eficiência de um jogo interno bem vencido.

Não pretendo contar este *case* de forma detalhada, mas também não quero fazer parecer simples o que construímos. Foram meses de trabalho, de muito treino e de muito diálogo.

> **As pessoas só conseguem acessar o jogo interno das outras se estas falarem o que se passa em sua mente.**

Caso contrário, o jogo interno passará a ser quase silencioso e exclusivo.

Com Paulo, o desafio passou a ser acessar o que chamamos de autêntica tacada durante os torneios. A pressão pela boa performance atrapalha o pensamento maduro, que é essencial para encontrar o ponto de equilíbrio. E, como em todo caminho de uma pessoa vitoriosa, as grandes conquistas vêm por etapas. Sempre existe um caminho, e isso precisa ser entendido.

Muitas pessoas vêm até mim buscando respostas para chegar aos destinos desejados. Muitas querem o destino, mas poucas querem o caminho. Por isso é muito importante você se perguntar se está, de fato, disposto a percorrer o caminho necessário para chegar ao destino que deseja. Somos os responsáveis por definir que destino queremos na vida. Temos a liberdade de escolher o tamanho do sonho. Precisamos apenas entender que para cada sonho há uma jornada. Nada é construído por acaso. Muitas vezes vemos pessoas bem-sucedidas, repletas de vitórias na vida, e não acessamos o caminho que elas já percorreram. Conheci pessoas que tiveram o privilégio de chegar rápido ao seu destino. Conquistaram a sensação de vitória ainda jovens. Mas, mesmo assim, houve um caminho, houve um esforço e houve perdas para poderem ter esse ganho. E isso vale para Paulo, para mim e para você.

Qual é o caminho que estamos dispostos a percorrer?

Esse foi, sem dúvida, o ponto mais desafiador no caminho de Paulo. Agora seria um caminho solitário, em que eu não poderia mais ajudá-lo como vínhamos fazendo. Já havíamos encontrado seu ponto de vitória, e ele precisava de muito treino e dedicação para tornar esse ponto acessível em todos os momentos. Lembro-me também de uma pequena discussão que tivemos em um encontro em que eu estava inconformado com a falta de dedicação aos treinos. Paulo estava treinando em média menos de uma hora por dia, e esse não é o perfil das pessoas que buscam realizar sonhos realmente desafiadores.

Percorra o caminho ou mude o destino!

O que não dá é para sonhar um destino e ter preguiça de percorrer o caminho. Passamos muito tempo reclamando da jornada e pouco tempo de fato caminhando. E é justamente na jornada que está o prazer. É o caminho que torna o destino mais saboroso. A alegria da conquista não pode estar apenas na linha de chegada, e sim durante todo o percurso. Saber curtir o caminho é um dos segredos das pessoas que não desistem. Quando temos no caminho uma fonte de satisfação, encaramos o fato de caminhar como algo normal para o processo rumo ao destino desejado.

Paulo estava, evidentemente, se sabotando ao não conseguir focar naquilo que precisava ser feito. Querer ser campeão internacional é para poucos. Se você quer o que poucos têm, faça o que poucos fazem e esteja disposto a pagar o preço que poucos pagam.

Esse era o ponto onde Paulo se encontrava. O caminho estava trilhado e as respostas estavam na sua frente. Mas ele não parecia realmente disposto a se dedicar como poucos se dedicaram e, principalmente, a pagar o preço que poucos pagaram. Treinar seis horas por dia o faria abrir mão de outras atividades. Mas ainda assim era o caminho necessário para vencer no jogo que ele mesmo escolhera jogar.

Os jogos internos são isso. Nós é que definimos que jogo queremos jogar e onde queremos ser vitoriosos. Temos total livre-arbítrio para tomar essa decisão. Mas, uma vez definida, precisamos estar dispostos a vencer primeiro o jogo interno e depois partir para a vitória externa. Não é fácil, mas é simples e é possível.

Lembro-me do dia em que Paulo ligou de outra cidade para me contar que havia vencido um torneio. A vibração era enorme! Era a materialização daquilo que sua mente estava criando. E foi uma vitória importante, que o colocou em um ciclo positivo e lhe deu energia para iniciar o processo dedicado de treinos. Sua energia estava mudando, e as pessoas ao redor passaram a reconhecer. Começaram a surgir convites para jogar em outros locais, inclusive fora do país. A energia campeã estava começando a florescer, e a autêntica tacada começou a acompanhar a vida de Paulo.

Bom... e eu? Eu sigo jogando o meu golfe e praticando o meu *jogging*. O destino desejado não é me tornar campeão, portanto minha jornada nesse aspecto é muito diferente. O meu objetivo era apenas vencer alguns jogos entre amigos e de alguma forma me vingar de uma velha conversa interna que me lembrava das inúmeras vezes em que sofri uma espécie de *bullying* esportivo. É um momento de ressignificar certas experiências e certas escolhas. Nem sempre é necessário mudar radicalmente uma postura. Podemos simplesmente mudar a forma como nos vemos e como avaliamos a importância que os outros têm em nossa vida. Eu apenas buscava um esporte que me desse prazer e me livrasse da autoimagem de fracassado.

Obviamente, até mesmo para isso há um caminho. Muito mais simples que o caminho de Paulo, mas não menos importante. Hoje guardo com orgulho as anotações dos jogos que venci entre amigos para me lembrar de que sou aquilo que me proponho ser!

Encerro este capítulo com uma pergunta difícil de responder rapidamente, pois necessita de uma longa reflexão: você tem realmente permissão para ser vencedor?

N ADA SE PERDE, TUDO SE TRANSFORMA

Durante uma viagem de férias, saí para uma prática de *jogging* na beira da praia e escutei uma música cujo refrão era o título deste capítulo. A frase ficou ecoando nos meus pensamentos por muito tempo. Lembrei-me de Steve Jobs, que dizia que é preciso ter fé e que no futuro os pontos vão se ligar. Em algum momento as coisas fazem sentido. E os pontos só se ligam ao contemplar o passado, jamais olhando o futuro.

A ansiedade também é uma emoção temporal, porém no sentido inverso. Não ficamos ansiosos por algo que já aconteceu. Elevamos a ansiedade quando projetamos o futuro, seja de curto ou de longo prazo. E, geralmente, depois que o fato que nos preocupava passa, nos damos conta de que nem foi tão difícil. Os pontos se ligam e tudo passa a fazer sentido. Encontramos explicação e alinhamento com a nossa vida e voltamos a ficar tranquilos.

Por isso, sempre acreditei que é importante ter fé. Não me refiro a uma religião específica, mas à fé de que lá na frente tudo fará sentido.

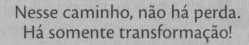

Nesse caminho, não há perda.
Há somente transformação!

Para todo novo ciclo que se encerra, um novo se abre. E é assim com tudo aquilo que julgamos perdido. Seja algo material ou até mesmo uma pessoa amada. Toda perda gera uma transformação. Seja com pouca ou com muita dor, nós nos obrigamos a mudar em algum aspecto. Um ciclo de convívio com um familiar que falece se encerra para abrir um novo formato de convívio na família. Um grande amor que acaba abre espaço para um novo estilo de vida. Uma perda significativa de dinheiro, ou de algo material, é a oportunidade para recomeçar de forma diferente.

Não quero aqui diminuir a dor das perdas. Muitas vezes carregamos essas dores por anos, para somente depois se tornarem saudade. Mas o fato é que em todas as perdas sempre há a oportunidade de ter um ganho, mesmo que só venhamos a reconhecer isso mais tarde.

Depois que passei a entender essa lógica da vida, muita coisa se tornou mais fácil. Comecei a dar mais valor aos fatos em si, e menos às interpretações que fazemos deles. Até hoje isso não chega a diminuir o tamanho das minhas dores, mas diminuiu o tempo durante o qual algum fato me incomoda. Ter fé de que no futuro os fatos farão sentido e que precisamos continuar caminhando torna as perdas um pouco mais amenas e as transforma em um certo processo lógico.

Passados todos esses anos, as perdas que sofri na vida me parecem extremamente coerentes. Sem elas eu não teria me transformado. Sem elas não teria aprendido tantas coisas. E sem elas jamais seria uma pessoa em constante aprendizado.

O processo de autoconhecimento tem início, meio, mas não tem fim. E uma vida feliz não é uma vida sem problemas, mas sim uma vida em que temos capacidade de resolvê-los.

Ao longo dos trabalhos de coaching, vejo certas pessoas com a crença de que a vida será uma eterna perda. Não dão espaço para aprender e se permitir construir algo diferente.

A questão não é como foi a sua vida nos últimos anos, mas qual é a vida que você quer ter nos próximos.

> **Um passado de perdas e sofrimento não pressupõe um futuro da mesma forma. Nada do passado assegura um futuro igual.**

São, no máximo, indicações. E temos total liberdade de mudar a rota que parecia traçada.

Costumo perguntar aos meus *coachees* quantos anos mais eles querem viver. Nunca escutei uma resposta inferior a dez anos. Então por que não acreditar que podemos ter uma vida diferente da que vínhamos tendo se ainda nos restam, pelo menos, dez anos? É muito tempo de vida, e realmente muita coisa pode mudar. Não se agarre às perdas, deixe na memória apenas aquelas que mereçam ser lembradas e observe as transformações. Perceba quanto já mudamos nos últimos dez anos. Provavelmente mudamos estilos, gostos, prazeres, hobbies — inclusive algumas pessoas se afastaram e abriram espaço para novas fazerem parte do nosso ciclo. Já estivemos mais magros ou mais gordos, mais ricos ou mais pobres, mais saudáveis ou doentes, motivados ou acomodados. E, novamente, não é uma questão de perda, mas de transformação.

Lembro-me de um cliente que chamarei aqui de Ricardo. Com 62 anos, ele tinha a convicção de que sua vida não poderia mais ser mudada. Escolhas haviam sido feitas, e o seu destino era o de refém do seu passado.

Ele passou muitos anos vivendo apenas para suprir as necessidades da família — esposa e filhos — e com isso se sentia perdido, sua vida começava a perder o sentido.

Fui procurado por Ricardo porque ele tinha uma doença terminal e seu prognóstico de vida era curto. Eu o convidei para tomar um café em uma tarde ensolarada e ficamos um bom tempo conversando sobre o processo de coaching como um todo. Ele me contou sua trajetória de vida e tinha orgulho do que havia conquistado ao longo dos anos. Em determinado ponto da conversa, resolvi perguntar o que ele ainda queria ser e/ou fazer. A pergunta causou certo espanto. Seu olhar ficou distante por alguns segundos, depois ele respondeu que não queria mais nada. Já havia conquistado tudo e dado à sua família tudo o que sempre quis. Agora seus filhos já eram adultos e independentes, e ninguém mais "precisava" dele.

Naquele instante fiz uma pequena, mas profunda, provocação. Comentei que, se realmente ele não tivesse mais nada que desse sentido à continuidade da vida, então não haveria processo algum — seja o coaching ou qualquer outro — que valesse o investimento. Era mais fácil aguardar o "cara" lá de cima chamá-lo.

O comentário causou tamanho desconforto que Ricardo pediu para encerrarmos a conversa, pagou o seu café e foi embora. Fiquei me questionando se havia ido longe demais. Talvez o tivesse impactado em um momento equivocado. Ao mesmo tempo, era exatamente nisso que eu acreditava.

Passaram-se alguns dias e Ricardo voltou a me ligar. Pediu que nos reencontrássemos na mesma cafeteria, no mesmo dia da semana e no mesmo horário. Parecia quase um convite de resgate da conversa que havia ficado no ar. No dia marcado, lá fui eu. Pela primeira vez na minha carreira, estava ansioso e preocupado. Não sabia se o tom seria de crítica, de aprovação ou de reflexão.

Ele chegou no horário agendado e foi logo ao assunto. Já com os olhos cheios de lágrimas contidas, tirou os óculos e disse que a minha pergunta tinha lhe desvendado uma nova forma de ver a vida. Ele ficou incomodado com a questão, mas pela primeira vez tomou posse das vontades exclusivamente pessoais. Deu-se conta de que não tinha planos e de que nunca vivera para suas próprias vontades, no sentido mais egoísta da palavra. Comentou que não se arrependia de nada que havia feito ou deixado de fazer, mas percebeu que precisava de algo para si. E, durante um soluço contido, Ricardo me olhou profundamente e admitiu que sentia muito medo de morrer.

Aquela emoção toda passou para mim, que logo estava vidrado em tudo o que ele me dizia. Estávamos ali iniciando uma transformação. Nada seria perdido, mas tudo dali para a frente seria transformado.

O equilíbrio entre amar a si próprio e amar os outros é algo difícil de ser desenhado. As pessoas egoístas costumam ficar sozinhas nos momentos mais difíceis e criam proximidade por interesse e poder.

> As pessoas altruístas têm dificuldade de se conhecer de forma íntima e acabam perdendo muitos momentos de prazer e satisfação. Vivem a vida dos outros.

Acredito que a plenitude venha do equilíbrio desses dois pontos. Feliz é aquele que sabe se satisfazer e se doar ao mesmo tempo.

Certamente você já deve ter ouvido a expressão clichê de que os otimistas veem o copo meio cheio e os pessimistas, meio vazio.

Quero propor o pensamento de que podemos trocar a palavra "ou" pela palavra "e". O copo não está meio cheio *ou* meio vazio. O copo está meio cheio *e* meio vazio.

A ideia de que pessoas otimistas sempre enxergam o copo meio cheio pode ser superficial demais. A vida não é feita apenas de fatos positivos, e a melhor forma de desenvolver a capacidade de ser otimista e resolver os problemas que a vida nos traz é entender quais são os aspectos positivos e os negativos que temos ao nosso redor.

O foco não é ter uma vida feita de coisas boas *ou* de coisas ruins. A vida é completa, portanto tem coisas boas *e* coisas ruins.

Acredito muito que uma vida satisfatória não é aquela que apresenta ausência de problemas, mas sim a que nos permite saber lidar com eles de forma mais positiva, sem jamais deixar de enxergá-los.

É muito importante reconhecer o que nos traz dor. Somente assim é possível começar a pensar em um plano de mudança e conquistar uma situação mais positiva. Da mesma forma, é essencial reconhecer os pontos positivos em nossa vida. São eles que garantem que temos a condição de melhorar. É fundamental olhar essas questões positivas e refletir sobre como elas podem ajudar a enfrentar o que está no lado meio vazio.

O foco principal deste capítulo é abordar a capacidade que temos de transformar a própria vida.

Tive alguns encontros com Ricardo, mas, como ele mora no interior, não conseguimos manter um ritmo adequado de reuniões e não pudemos realizar um trabalho tão completo.

Mesmo assim, fico muito feliz ao lembrar que certas buscas de Ricardo eram muito simples e que ele se permitiu começar a realizá-las. Ele se conectou a antigos e simples desejos de infância que havia esquecido ao longo da vida. Logo após o nosso segundo encontro, comprou uma bicicleta e adquiriu o hábito de caminhar. Depois, ao longo do nosso trabalho, fez cursos de culinária, pois queria aprender a cozinhar, atividade que até então era exclusiva de sua esposa. Propôs montar com alguns amigos uma espécie de confraria masculina —

eles se encontravam uma vez por semana apenas para beber e lembrar o passado. Desses encontros nasceu um plano de realizar uma viagem juntos, de jipe, pela serra.

Ricardo ainda não havia encontrado um grande sonho a ser realizado, mas a vida passou a ter mais sentido e se tornou mais prazerosa.

Em um dos últimos encontros que tive com ele, falamos sobre o amor. Ele havia passado anos dedicando-se à família, para que nada faltasse. Porém, percebeu que nunca dissera aos filhos e à esposa que os amava.

O fato de estar mais equilibrado e mais feliz o fez ver o que realmente importava e o encorajou a dar um passo adiante. A última tarefa de Ricardo junto comigo foi marcar um grande encontro familiar e declarar seu amor por aquelas pessoas. Lembro-me do brilho em seus olhos ao contar como tinha sido esse encontro. Ele havia dito a cada uma que as amava, e pela primeira vez se sentiu à vontade ao falar a todos que tinha medo da doença, mas que agora estava mais forte para lidar com o que acontecia.

Encerramos os nossos encontros e sei que Ricardo continua sua jornada.

Nada havia sido perdido, mas tudo se transformara!

MORRER PARA RENASCER!

Em um dos workshops que ministro, vivenciamos uma série de dinâmicas muito intensas. Ficamos três dias em imersão com o objetivo único de olhar para dentro de si. É um momento para trabalhar as emoções básicas e uma espécie de reencontro com a sua essência. É gerar a oportunidade de mudar a partir do sentir. O foco está na busca do sentido da vida, das relações positivas e da visão sistêmica do futuro.

Em determinado momento do workshop desenvolvemos uma simulação de visualização do próprio velório.

Convido você a realizar neste instante alguns pequenos exercícios.

Imagine que você faleceu. Visualize sua morte na posição em que se encontra, neste local, neste momento. Imagine seu corpo sendo levado ao velório e então seu caixão sendo aberto.

Quem está no seu velório?

O que dizem essas pessoas?

O que pensam a respeito do que foi a sua vida?

Quem você ama está lá?

Imagine o seu próprio velório. Em determinado momento, um pequeno grupo se aproxima do seu corpo e o toca, em um movimento misto de carinho e de dor.

Quem está tocando você?

Essas devem ser as pessoas mais importantes na sua vida. Então, imagine a dor que eles — e você — sentem em uma cena dessas. Você não pode falar nada, afinal está morto. Pode apenas reconhecer essas pessoas e imaginar o calor delas ao tocar o seu corpo.

E se lhe fosse permitido falar algo em apenas dois minutos? Que recado você daria a essas pessoas?

Que recado daria na sua despedida?

Que pedido de desculpas você faria?

Como demonstraria o seu amor?

Agora, como num passe de mágica, sinta a energia do seu corpo aqui e agora. Sinta o peso do seu corpo tocando o sofá ou a cadeira em que está sentado neste momento. Sinta que está vivo e que isso foi apenas um exercício.

> **Você não está morto. E agora cabe somente a você definir o que fará com seu tempo restante.**

No início, esse tipo de dinâmica era usado apenas para refletir sobre as pessoas realmente importantes na vida dos participantes. Porém, com o passar do tempo, fui observando que se tratava de um momento muito importante para cada indivíduo, pois, ao conseguir enxergar a possibilidade de morte, mudamos o tempo presente.

Ao término dessa simulação, nunca ouvi as pessoas dizerem que sentiam arrependimento por não terem comprado isso ou aquilo. Elas não se queixam da renda que foi pequena ou das metas materiais que não foram alcançadas. Ficam emocionadas ao se dar conta das pessoas que não amaram, da família que não esteve presente, do carinho que não compartilharam, do reconhecimento que não promoveram. Sentem falta dos momentos de risos e de choros. Sentem falta daquilo que realmente sempre foi o mais importante: o amor.

Ao perceber isso, acabei focando esse tipo de vivência e comecei a explorar os sentimentos que florescem. A maioria das pessoas passa a vida inteira sem entender a perspectiva da morte, e no fim termina como se não tivesse tido a oportunidade de ser uma pessoa mais feliz.

Diante da sensação da morte e da certeza de que ainda estamos vivos, proponho a reflexão sobre quem morre e quem renasce nesta vida. Independentemente de religião e crenças, o que todos nós sabemos é que estamos vivos. Tenho a plena convicção de que nesta vida temos a capacidade de renascer como pessoas diferentes.

Que aspecto de você morre neste momento?

Que culpas e experiências vividas, as quais você não pode mais mudar, precisam morrer para que você possa renascer?

Que parte do seu passado precisa ser enterrada para que você possa ir adiante?

Sinta a dor do que lhe causa dor. Parece redundante, mas não é. É muito importante fazer contato com aquilo que nos causou sentimentos ruins, sejam comportamentos, características, atitudes ou a ausência deles. Sinta todo o luto por aquilo que quer mudar para então iniciar um recomeço. Um novo contrato individual daquilo que quer buscar.

> Peça perdão a quem tiver que pedir, mas recomece. O perdão diminui a culpa, mas são as novas atitudes que realmente purificam a alma.

A proposta de um exercício como este é pensar em quem morre e em quem renasce. Não quero tornar o processo simples e superficial, por isso tenho consciência de que uma reflexão como essa, de forma isolada, não resolve os dilemas de renascer. Mas acredito, e tenho visto na prática, que reservamos poucos momentos para pensar na perspectiva da morte e no processo do que queremos renascer.

Já está provado que o comportamento otimista é cognitivo. Pode e deve ser aprendido. Encarar a vida de uma forma mais tranquila e equilibrada é um exercício. Mas querer essa mudança deve ser uma decisão própria. Algo morre e algo renasce para que possamos trilhar uma nova jornada.

Muitos dos nossos comportamentos fizeram sentido por determinado período em nossa vida, mas agora podem não fazer mais. Temos o direito de rever nossos comportamentos e seguir rumo a uma vida mais feliz.

Em certa ocasião tive o imenso prazer de ser procurado por um conhecido meu, ainda do tempo de empresário de marketing, que estava interessado em passar pelo processo de coaching. Marcamos um almoço informal para conversar sobre essa possibilidade e ele contou que sua vida estava em geral superbem, mas que ele gostaria de se permitir um momento para uma reflexão geral e um balanço de forma sistêmica. Realmente interessante. Era a primeira vez que recebia essa demanda.

Em nosso primeiro encontro ele relatou que se divorciara havia dois anos e que sua maior dor era estar afastado do filho. Como seus pais eram divorciados, ele tinha consciência da dor que poderia estar causando ao seu menino. Esse realmente era um ponto de dor em sua vida. Todas as vezes em que explorei essa questão, percebi que a emoção tomava conta dele. Havia tristeza, culpa e medo em cada lágrima que escorria do seu rosto ao falar da situação. Ele se queixava de que não poderia morar sob o mesmo teto com o filho e a mãe dele, e que isso o deixava muito triste. Essa questão punha em xeque a sua capacidade de ser um bom pai e o impedia de tocar a vida. Foi ele quem propôs o divórcio e já estava com uma nova namorada. Mas percebi que ele ainda não vivenciara o luto completo por essa perda e que isso dificultava as tomadas de decisão necessárias em uma nova fase de vida.

Em determinada sessão, propus que ele pegasse algum documento, foto ou objeto que lembrasse o seu casamento e que, sozinho em casa, dedicasse uma noite para queimar tal lembrança. Que ele pudesse ampliar a consciência de todo o mal que essa separação causou e que ainda iria causar. Que sentisse toda a dor que ele mesmo viveu e a dor que poderia estar causando ao seu filho. Que chorasse cada momento perdido. Cada sonho que tinha ficado para trás. Cada mudança de plano que agora era necessária. E cada perda que agora era forçado a admitir.

Eu sabia que aquele seria um momento de dor, mas ele precisava vivenciá-lo de uma forma mais completa. Precisava estar mais consciente dos lados negativos dessa escolha. Também lhe propus conversar com o filho e com a ex-esposa. Pedir desculpas pelo sofrimento causado e alinhar formas colaborativas para todos.

Ele levou algum tempo para conseguir realizar essa tarefa. Acabou me pedindo mais tempo e, quando se sentiu preparado, realizou-a com maestria. Recebi um e-mail com alta carga emotiva, e era possível visualizá-lo chorando na minha frente. Era disso que eu precisava para poder então propor um renascimento. Estava claro o que precisava ser banido para dar espaço a uma nova vida.

Estávamos chegando a um momento em que seria importante desenhar que pai ele queria ser diante da realidade do divórcio. Mas eu gostaria que ele encontrasse essa resposta pelo prazer de construir algo novo, e não por meio de culpa ou tristeza. Ele optou por passar um fim de semana na praia com o filho. Ambos conversaram, brincaram, trocaram afeto e até conseguiram falar sobre a saudade que sentiam um do outro, podendo inclusive chorar juntos. Naquele momento renascia um novo pai e um novo modelo de relação com o seu filho.

Obviamente os problemas derivados de um casal que se divorcia não tinham acabado, e muitos ainda viriam pela frente. Mas o diálogo sincero entre pai e filho abriu espaço para se desculparem, se curtirem e se desejarem, mesmo a criança tendo apenas 3 anos de idade.

Havia morrido um homem que carregava uma imensa culpa pelo seu divórcio e renascido outro, focado na melhor forma de se relacionar com o filho diante dessa escolha.

Aonde eles chegarão como pai e filho eu jamais saberei. Tenho apenas a convicção de que não podemos nos isentar das perdas e erros que cometemos, mas podemos nos propor a seguir em frente e modificar as consequências que ainda estão por vir.

O SEXO NUNCA FOI FRÁGIL!

Quando me propus a escrever este livro, não estava previsto um capítulo abordando o tema sexo. Porém, muitos clientes acabam trazendo esse assunto como fonte de equilíbrio para uma vida mais satisfatória.

Em muitos trabalhos que realizo, utilizo uma técnica de soltar o lado Criança Livre[1]. Percebo que muitas pessoas não têm permissão para manifestar prazer, alegria, leveza, características típicas de uma criança. Não sabem gozar os momentos sem nenhum tipo de julgamento, crítica ou bloqueios.

É justamente essa criança interna, que todos temos, que nos dá a liberdade de estar entregue para curtir o aqui e agora.

Muitas pessoas têm dificuldade de liberar esse lado mais infantil e não conseguem desfrutar de ocasiões em que a alegria é o foco principal. Um encontro

---

[1] O termo *Criança Livre* se refere ao estudo sobre estados do ego, presente na análise transacional desenvolvida por Eric Berne.

com amigos, com a família, brincadeiras, jogos, dança, sexo, entre outros. Momentos que não dependem de uma situação financeira privilegiada, que não necessitam de grandes esforços. São situações em que podemos perceber que a felicidade é acessível a todos. Pode ser ouvir uma música em volume alto e se permitir dançar, sozinho, no meio da sala. Ou quem sabe um jogo de cartas com amigos, ou uma brincadeira nova com o filho, uma rodada de piadas e por aí vai.

> Qual foi a última vez em que você gargalhou? Qual foi a última vez em que se divertiu como uma criança?

Se você tem memória recente de uma experiência em que sua criança livre se entregou, parabéns! Muitas pessoas com que trabalhei nos últimos tempos encontram dificuldade para se soltar e se entregar ao simples ato de ser feliz. Outras possuem essa capacidade, mas sempre sob o efeito de bebidas alcoólicas. Quimicamente, o álcool age sobre os nossos neurônios inibidores, por isso nos sentimos mais leves e com maior permissão para agir da forma mais espontânea possível, sem um filtro crítico interno.

Em um dos workshops de imersão que realizo, certa noite propusemos uma dinâmica de reencontro dessa criança. É muito bonito ver um grupo de pessoas reunidas e se divertindo. Com frequência alguns participantes relatam que havia anos não viviam uma experiência tão leve e divertida.

O que isso tem a ver com sexo? Tudo.

Sexo sem o estado de ego Criança Livre é chato e entediante. Sexo não se pratica preocupado com a performance, com julgamentos ou críticas. Sexo apenas se pratica, ponto.

Percebi que muitos clientes demoram para entrar nesse assunto, mas, quando começam a discussão sobre o tema, tem início uma viagem mais profunda em direção à sua satisfação pessoal.

Pode haver quem negue ou simplesmente não concorde, mas no meu ponto de vista não há casamento feliz que se sustente por muitos anos sem que o sexo seja algo de qualidade para os dois. E não me refiro a quantidade, e sim exclusivamente a qualidade.

O sexo ocorre com a mente. É com ela que despimos a pessoa desejada e nos entregamos ao ápice do prazer. Sexo é um processo mental, que entra em conexão com o outro através do corpo.

O homem sempre preferiu um tipo de sexo mais corporal e menos afetivo, ao contrário da mulher, que sente uma necessidade maior de conexão com a pessoa com quem vai se relacionar. Mas isso não torna o sexo frágil. Nunca tornou. Nem para homens, nem para mulheres.

Mesmo que não diga, a mulher também tem desejos mais carnais e intensos. Nem todo dia é dia de fazer amor.

O problema é que vivemos em uma sociedade em que isso é reprimido. As mulheres são educadas para ser carinhosas, afetivas e cuidadoras. Porém, não se leva em conta que o sexo é momentâneo, não dura a vida inteira.

Fazer sexo é se entregar em um curto intervalo de tempo a algo em que o limite deve ser imposto somente por quem o faz. Por mais que uma fantasia sexual possa parecer depravada, trata-se apenas de uma fantasia. E o que seria do sexo sem fantasias? Chato.

> **Precisamos do estado de ego Criança Livre para nos permitir usufruir um lado que não mostramos na vida social e para nos propiciar prazer.**

Há casamentos longos em que o sexo nunca foi um assunto discutido. O homem busca sua realização fora do casamento e a mulher morre sem experimentar algo que não precisa custar caro nem causar dano algum. Como dito antes, é apenas uma entrega mental, na zona da fantasia. Todos têm a capacidade de realizar esses ensaios mentais, basta decidir fazê-lo. Para isso, é preciso entender que existe o sexo individual e o sexo com o parceiro. No processo individual, a fantasia é praticamente tudo o que ocorre — a mente está ativa, e não há grandes percepções corporais. Já com o parceiro — ou mais pessoas, dependendo da fantasia de cada um —, o sexo ganha abrangência nas questões sensoriais. Toques, cheiros e sons. Nesse conceito, o sexo precisa ser debatido entre os parceiros, pois assim um pode colaborar com os desejos e fantasias do outro.

Ainda vivemos sob um modelo social que não nos permite revelar nossas fantasias. Costumamos ficar limitados a determinadas posições eróticas e nada mais. Esquecemos que o sexo começa na mente e termina em uma experiência corporal.

Conectar-se com uma fantasia sexual é muito diferente de realizá-la. E entendo que é justamente nesse ponto que reside uma possível solução para casais que perderam o desejo um pelo outro. Mas é somente com diálogo, compreensão e permissão que apreendemos o que a mente do outro visualiza e deseja para que possamos nos conectar a essas fantasias e propiciar a ambos um momento mais prazeroso. Pares que conseguem usufruir essa descoberta encontram um elo extra, e forte, para manter a união.

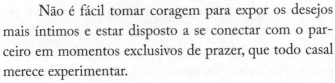

Ser feliz dá trabalho, em qualquer aspecto da vida. Um casamento feliz, principalmente se for de longa data, também dá trabalho.

Não é fácil tomar coragem para expor os desejos mais íntimos e estar disposto a se conectar com o parceiro em momentos exclusivos de prazer, que todo casal merece experimentar.

Ao longo dos trabalhos que realizo, percebo que a base para esse desalinhamento entre os casais é a falta de diálogo. E acredito que não é o amor que sustenta o diálogo, mas o inverso: o diálogo sustenta o amor. Comunicar-se é a habilidade social que conecta as pessoas, desperta as emoções e amplia a capacidade de conseguir do outro a colaboração necessária para momentos de satisfação.

O sexo nunca foi frágil. E, como tudo aquilo que não é frágil, precisa ser desejado e trabalhado para ser conquistado.

Acredito que a maior parte dos seres humanos, em algum momento da vida, tem fantasias sexuais, portanto o foco está na permissão interna que deve ser dada, como uma espécie de gatilho, a esse prazer essencial para uma vida feliz.

Certa vez um cliente me procurou, após assistir a uma palestra minha, dizendo que não estava se sentindo feliz. Por isso, suas atividades acabavam sendo desempenhadas com baixa energia, gerando resultados insatisfatórios. Ele não sabia bem qual objetivo gostaria de alinhar no processo de coaching, apenas gostaria de se sentir mais disposto para viver.

Diante de potenciais clientes que a princípio apresentam traços de depressão, sempre preciso ter muito cuidado. Como o processo de coaching é totalmente voltado para a ação, um cliente com depressão tem de baixar a ansiedade para agir, e já houve casos em que não segui com o processo, indicando um tratamento psicológico.

Esse cliente me remetia a essa zona de risco, e era preciso ficar atento a qualquer sinal mais efetivo de inércia profunda. Entendi que a única alternativa era provocá-lo, incitando uma situação com maior grau de confronto, e extrair dele o que realmente estava acontecendo. É muito comum o cliente trazer uma queixa inicial e, ao aprofundá-la e confrontá-la com aquilo que realmente importa na vida dele, eu perceber que a queixa é apenas uma consequência de algo maior e geralmente mais íntimo. Nesse caso, em nosso segundo encontro, por meio de uma dinâmica mais questionadora, ele comentou que sua vida sexual estava muito ruim. Ele não conseguia se realizar com a esposa, embora fosse possível perceber a grande admiração que nutria por ela. Durante as nossas conversas notei que ele não era capaz de distinguir quais eram suas próprias necessidades e desejos, por isso não conseguia discutir o assunto com a esposa. O diálogo interno dele era totalmente crítico, e só havia espaço para deveres e responsabilidades. Seu modelo mental não incluía a capacidade de ter prazer e gozar de certos privilégios que a vida podia lhe oferecer. Dessa forma, ficou evidente que, antes de ampliar a consciência a respeito do seu casamento, era necessário desenvolver a permissão para ter momentos de prazer. Mudar de parceira apenas mudaria o "endereço" do problema que o habitava havia muitos anos.

Resolvi trabalhar para que ele libertasse o estado de ego Criança Livre e iniciamos uma rota de situações menos radicais para o seu modelo atual. Apenas lhe propus que passasse 30 minutos em uma atividade do brincar, três vezes por semana. As tarefas iniciais pareceram estranhas, mas ele se dispôs a cumpri-las. A cada momento de brincadeira, ele deveria me enviar um SMS para que eu pudesse sentir um pouco melhor a energia que estava sendo gerada. Ele me enviou mensagens durante uma noite de brincadeiras com o filho, uma rodada de brindes com xícaras de café com a esposa e a lavagem do próprio carro sem se preocupar com a sujeira que poderia deixar na garagem de casa.

Demos sequência a esse processo e, enquanto desenvolvíamos essas experiências lúdicas e divertidas, discutíamos em paralelo os seus pensamentos e crenças a respeito da vida e das relações que tinha com as pessoas que o cercavam. Alguns objetivos tornaram-se mais claros no processo de coaching, e aos poucos fui conhecendo um homem mais divertido e relaxado. Um dia ele pediu para tirar os sapatos e sentar no chão para me mostrar uma linha do tempo da vida desejada que havia montado. Eu sabia que aquele era um sinal de que, após algumas semanas de trabalho, o seu lado rígido estava sendo despachado. Pelo menos em momentos oportunos para tal.

Foi nesse momento que resolvi voltar à questão sexual e propor a ele um exercício de ensaio mental. Pedi que voltasse mentalmente à sua adolescência, ainda solteiro, dirigisse um filme imaginário e fosse narrando tudo o que estava vendo. Era preciso que ele falasse em terceira pessoa, como uma espécie de visualização de uma vida paralela que poderia ter tido. Em determinado momento levamos o "filme" por ele dirigido para uma cena de sexo. Foi então que ele pôde se sentir livre para falar das fantasias que aquele personagem tinha e que poderia estar realizando. Lógico que sabíamos que o personagem era ele mesmo, mas aquele teatrinho todo foi o espaço necessário para que ele se conectasse com seus desejos mais sensoriais e imaginativos.

Espantei-me ao perceber que ele começou um relato detalhado de tudo o que imaginava naquela cena e de quanto estava bem ao ver a felicidade daquele rapaz. No ápice do seu filme imaginário, resolvi em um rápido movimento conectá-lo com o tempo presente e questionar por que ele não fazia aquilo tudo com a esposa. Eu queria que não houvesse tempo para ele processar uma resposta elaborada vinda do seu lado duro. Eu buscava uma resposta espontânea e sincera. E uma das coisas que mais me encantaram na experiência com esse cliente foi sua sinceridade. Ele respondeu que nunca havia falado com a esposa porque nunca tinha pensado de forma tão clara no que realmente seria prazeroso para ele. Aquele exercício fora uma espécie de reencontro com as próprias necessidades. O exercício que combinamos naquele dia foi que ele conversaria com a esposa a fim de encontrar uma forma de realizar parte de sua fantasia; a outra parte seria apenas um teatro compartilhado.

Na semana seguinte, fiquei surpreso ao saber que ele não havia conversado com a esposa. Preferiu pesquisar na internet a respeito da fantasia que tivera e se permitiu imaginar ainda mais detalhes, cenas e situações. Ele queria explorar os seus desejos de forma mais completa e solitária, para somente então convidar a esposa a participar da brincadeira. Eu me diverti muito com as pesquisas que ele contou e tivemos um encontro realmente muito leve.

Obviamente, chegou um momento em que ele se sentiu seguro para compartilhar seus anseios com a esposa. Para sua total satisfação, descobriu que sua mulher tinha fantasias muito parecidas. Eles poderiam iniciar um novo casamento sem jamais terem se separado.

Foi a única vez em que não pedi prova alguma de que a sua jornada estava sendo trilhada. Eu estava simplesmente feliz ao comprovar que mesmo casais que se amam podem acabar se perdendo por ainda terem a velha e falsa crença de que o sexo é frágil.

ESPÍRITO GOHARD

Quando uma pessoa se transforma, transforma.

Alguns anos atrás, quando eu ainda era sócio da agência de marketing, conheci uma expressão americana que acabou sendo uma grande norteadora na minha vida como coach. Estávamos diante de uma campanha de lançamento de uma grande marca no mercado dos Estados Unidos e um consultor comentou que os americanos usam uma frase para as marcas de fora que ousam ganhar mercado: *Go hard or go home*. A tradução seria algo do tipo: Vá com força ou desista (volte para casa).

Naquele dia senti um estalo com a frase. Percebi, no exato instante em que a escutei, que os objetivos mais desafiadores que temos na vida precisam ser vistos dessa forma. Ou vamos com força, ou desistimos.

Ao longo do meu trabalho de coaching acabei reduzindo (e registrando) a expressão para GoHard, que virou sinônimo da energia que entendo ser necessária para alcançar resultados mais elevados na vida.

Na atuação como coaching tenho a oportunidade de conviver com os mais variados tipos de cliente. Pessoas de diferentes classes sociais, idades, experiências, culturas e currículos.

De forma geral, todas se sentam à minha frente com o objetivo de alinhar algo em suas vidas e alcançar resultados melhores e mais satisfatórios. Pode ser em termos de dinheiro, casamento, saúde, amizades, hobbies, qualidade de vida, relaxamento, organização etc.

A parte curiosa na minha transição de carreira é que vim a ter clientes de coaching que já eram pessoas conhecidas. Empresários, consultores e diretores com que já tinha tido a oportunidade de trabalhar e pelos quais sempre tive muita admiração. Também houve pessoas que me passaram a impressão de estar muito felizes e satisfeitas, independentemente da carreira. Essas pessoas até então transmitiam a sensação de terem uma vida perfeita. Mas, ao iniciarem o trabalho comigo, descobri que também tinham insônia, dor de barriga, dor de cabeça, cansaço físico. Também sentiam medo, angústia, tristeza, raiva e frustração. Também precisavam do reconhecimento dos outros. E, por fim, também sentiam necessidade de olhar para seus planos de vida e alinhar questões que até então estavam adormecidas.

Porém, existe algo nesse tipo de pessoa que chama atenção. Mesmo tendo os mesmos problemas que todo e qualquer ser humano, ainda assim conseguem ser felizes. Conseguem usufruir o prazer de sentir que sua vida anda para a frente. Buscam no coaching um suporte, uma reflexão e uma provocação. Não procuram esse tipo de trabalho por infelicidade, mas justamente por serem felizes investem tempo em si mesmas.

E o que difere esse tipo de cliente daquele que busca no coaching uma ajuda para revolucionar a sua vida é a capacidade de agir. Mais nada.

Ambos sabem o que precisa ser feito. Ambos têm consciência dos acertos e dos erros ao longo do tempo. Mas apenas uma parte desses clientes realmente age. É na ação que a vida se transforma. É encantador ouvir uma pessoa inteligente cheia de planos e determinação. Mas quem nunca mais esquecemos são as pessoas que admiramos pelo que fazem. E, assim como todas as outras, essas pessoas também erram e sofrem. Mas seguem fazendo.

Podem ser loucos, insanos, rebeldes, egoístas, megalomaníacos. Podem ser rotulados de impulsivos e sonhadores. Mas uma coisa não pode ser negada: é esse tipo de pessoa que empurra a humanidade. É esse tipo de pessoa que faz da sua vida algo com muito sentido. E essas pessoas possuem a energia que denominei GoHard.

A pior posição em que podemos estar na vida é "na média". Um casamento mediano, um emprego mais ou menos, uma saúde da qual a gente meio que cuida.

> **Quem está na média não está em lugar algum.**

Não nos lembramos das pessoas medianas em nossa vida, mas das extremidades. Seja por bem ou por mal, é esse tipo de professor e colega que fica na nossa memória da época escolar. Os amados e os odiados. Não nos lembramos daquele professor que era mais ou menos.

As pessoas usam a posição mediana como uma espécie de defesa e justificativa para aquilo que estão com medo de enfrentar e resolver. Dizem que sua vida não está tão boa, mas também não está ruim.

Não raro, escuto de clientes que sua vida poderia estar pior, então não têm do que reclamar.

Ter saúde é muito diferente de não estar doente. Estar feliz na carreira é diferente de não estar mal empregado. Ter um casamento satisfatório não é a mesma coisa que não querer o divórcio. Estar feliz é muito diferente de não ter do que reclamar.

> ### Como podemos definir nossa vida como feliz porque poderia estar pior?

Seria o mesmo que dizer que não posso vibrar com minhas conquistas, pois poderia ter conquistado mais.

Esse tipo de pensamento é paralisador. E estar parado é o oposto da energia GoHard.

Um dos gatilhos para fazer uma energia mobilizadora despertar é a capacidade que precisamos desenvolver para reconhecer pontos positivos na vida. Não sou a favor do processo de autoajuda em que não enxergamos os problemas. Entendo que precisamos, sim, observar os pontos ruins, entendê-los e sentir a devida dor. Porém, também temos de focar nas qualidades, vantagens e conquistas. Entender que são esses pontos positivos que nos dão segurança e que podemos transformar os pontos negativos.

Ao contrário da frase clichê, o copo não está meio vazio ou meio cheio. Devemos trocar a conjunção "ou" por "e". O copo está meio cheio *e* meio vazio. Assim como a vida, que é feita de dias bons e dias ruins. Vitórias e derrotas. Fatos que nos deixam felizes e fatos que nos deixam tristes. Os dois polos coexistem e não podemos deixar de enxergá-los. Mas é reconhecendo o copo meio cheio que ganhamos a motivação de seguir adiante.

Muitas vezes peço a meus clientes que listem aspectos da vida presente que estejam na parte meio vazia do copo e aspectos que estejam na parte meio cheia. E com muita frequência percebo que uma das duas metades é difícil de ser preenchida. Aos muito otimistas, a facilidade é preencher a parte cheia. E, para os mais depressivos, fácil é escrever os aspectos da parte vazia. Poucos clientes entendem o poder de usar a conjunção "e" e reconhecer sua vida de forma mais sistêmica.

Quando os otimistas reconhecem a parte meio vazia, conseguem distinguir o que precisa ser arrumado. Abrem uma porta interna de conexão com suas emoções e derrubam o escudo de uma vida perfeita. Essa conexão, sustentada pelo orgulho da sua metade cheia, dá espaço para um novo caminho, mais feliz e mais autêntico. Ainda vivemos em uma cultura em que somente pessoas incapazes pedem ajuda. Somente pessoas doentes precisam de um tempo para analisar a própria vida.

Quando os clientes mais pessimistas, ou com perfis mais depressivos, conseguem preencher os aspectos da sua metade meio cheia, obtêm novas energias e reconhecem em si forças até então sufocadas pelo excesso de visão ruim sobre o que lhes ocorre no cotidiano.

Ainda não encontrei um cliente que não tivesse aspectos cheios e vazios na vida. Todos temos os dois lados. Eles se somam. Quando conseguimos entender o equilíbrio dessas questões, podemos elaborar atitudes que devem ser tomadas para o nosso desenvolvimento contínuo.

E, ao contrário do que alguns acabam interpretando, a energia GoHard não é aquela que se faz de forma impulsiva. Não é simplesmente ter a energia do fazer. Há quem muito faça e pouco produza.

A energia GoHard é agir com inteligência. É pôr em ação aquilo que alinha a nossa vida atual com a vida desejada. É saber usar os pontos positivos como força para melhorar os pontos negativos. É deixar de reclamar e de culpar os outros pelos problemas que enfrentamos e tomar posse da própria vida.

Faça uma rápida reflexão comigo.

Pense em algo que o esteja desagradando na sua vida atual. Algo que você gostaria que estivesse melhor, em qualquer área.

O que está acontecendo?

Pense detalhadamente no que o está deixando insatisfeito.

Agora, quero aprofundar um pouco mais. Responda o que, REALMENTE, está acontecendo. Pense em uma resposta que inicie mais ou menos assim: "O fato é que eu...".

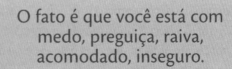

O fato é que você está com medo, preguiça, raiva, acomodado, inseguro.

O fato é que você ainda não conseguiu resolver o que quer melhorar. Independentemente de quanto o outro lado tenha influência ou não nos seus problemas (e muitas vezes o outro lado tem de fato muita influência), a pergunta relevante nesse caso é: E o que EU (e somente eu) faço com isso?

Reflita sobre o que você pode fazer.

O que você gostaria de ter no lugar daquilo que realmente está acontecendo? Gostaria de ter mais segurança para fazer? Mais tranquilidade para conseguir conversar? Mais energia para conseguir resolver?

Pense na energia GoHard e defina qual é a sua próxima meta. Algo pequeno, centrado no aqui e agora. O que você pode fazer ainda hoje para começar a mudar essa situação?

Muitos clientes têm alta energia GoHard, mas acabam emperrando na hora de colocá-la em prática. Pensam em sonhos e metas tão grandiosos que qualquer pequena atitude hoje dá a sensação de que não as aproxima do desejado.

Para quem tem a meta de juntar 1 milhão de reais e ainda não possui nada guardado, conseguir economizar 100 reais parece não fazer o menor sentido. Cem reais não vão impactar em uma meta de 1 milhão. Não farão diferença e então podem ser gastos com qualquer coisa desnecessária.

Porém, se trouxermos a meta para algo mais exequível, tudo fica diferente. Se pensarmos que a meta é juntar 1.000 reais nos próximos seis meses, agora os 100 reais fazem um enorme sentido.

Os grandes sonhos devem existir, sempre. São eles que nos movem e fazem a vida ter mais sentido. Mas é nas pequenas metas, de curtíssimo prazo, que realmente produzimos algo diferente na vida.

Quando chegamos ao objetivo, ele costuma não estar mais lá. É algo mutante, quase incontrolável. Por isso, também é importante reconhecer quanto já andamos. Quanto pequenas tarefas fizeram diferença em algo conquistado.

Certos clientes do processo de Coaching de Vida me surpreenderam ao demonstrar tamanha energia GoHard.

Uma das clientes havia sido minha funcionária na agência. Anos depois ela me procurou para iniciarmos um trabalho de coaching. Sua energia estava muito baixa. Nos últimos anos havia aberto uma pequena empresa e estava extremamente insatisfeita. Trabalhava também, de forma paralela, em uma multinacional da área de beleza feminina e sentia que apenas ali residia o seu prazer. Mas não sabia o que poderia ser feito, muito menos como.

A falta de opções a deixava sem ação, e a sensação de que não haveria solução era responsável pela sua baixa energia.

Iniciamos o processo de coaching e na segunda sessão ela já havia conseguido estabelecer suas metas pessoais. Havia definido aonde queria chegar. Nesse momento, percebi que estava diante de uma cliente com energia GoHard. Precisávamos apenas canalizar essa energia para algo realmente produtivo.

Montamos um plano de ação, com datas e mensurações.

O simples fato de agora ter um grande cartaz com todo o plano de ação na sua frente transformou o olhar dessa mulher. Havia opções e estava visível o que precisava ser feito.

Porém, a energia GoHard apenas se manifesta quando a pessoa realmente começa a agir. E essa, muitas vezes, é a parte mais difícil. Após algumas sessões, iniciamos a realização das primeiras ações. E, como sempre acontece quando colocamos energia, foco e atitude em algo, os resultados começaram a aparecer. Ela encontrou uma forma de se afastar da atual pequena empresa sem criar problemas aos demais envolvidos, e o foco na venda dos produtos de beleza a fez começar a chamar a atenção de outras pessoas dessa companhia.

Costumo orientar meus clientes a montar, primeiro, o plano. Completo e coerente. Organizar o que querem e como vão buscar os resultados. Depois disso, é muito importante contar o plano.

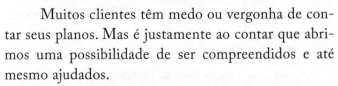

Líderes são líderes porque sabem para onde estão indo, e caminham. As pessoas se juntam a esses líderes porque entendem o que eles estão fazendo e aonde, provavelmente, vão chegar.

Muitos clientes têm medo ou vergonha de contar seus planos. Mas é justamente ao contar que abrimos uma possibilidade de ser compreendidos e até mesmo ajudados.

Nesse caso, essa cliente começou a contar qual era o seu plano para o fim do ano — ainda restavam oito meses. Explicou à sua sócia, aos investidores, amigos, familiares, colegas e superiores da multinacional o que iria fazer. Passo a passo. Aonde estava prevendo chegar e como cada um deles poderia ajudá-la. O que se previa aconteceu para ela de forma surpreendente. Muitas pessoas aderiram às suas atitudes e o caminho ficou mais prazeroso. Não foi fácil. Ela determinou uma meta alta, que até então pouquíssimas pessoas tinham conseguido alcançar na companhia. Houve momentos em nosso processo em que ela chegou a cogitar a hipótese de desistir. Assim como houve pessoas que aderiram, ela também ouviu pessoas que a puxavam para baixo. O mais incrível é que se tratava de pessoas que a amavam. Tanto aqueles que colaboram quanto os que prejudicam muitas vezes são pessoas próximas e nos querem bem. Mas em algum ponto do inconsciente acredito que não seja fácil para uma pessoa acomodada reconhecer que alguém próximo rompeu com a zona de conforto e está mudando de vida. Muitas pessoas passam a vida inteira reclamando e nada mudam. Acabam sendo levadas (explicitamente ou não) a refletir sobre suas atitudes quando enxergam uma pessoa disposta a enfrentar os desafios, mas, acima de tudo, a se permitir ser mais feliz.

De forma geral, a energia GoHard contagia. Passei muitos anos preocupado em conviver com pessoas ricas e importantes. Mas conviver com elas não me deixava nem rico, nem importante.

Porém, conviver com pessoas felizes e com capacidade de agir nos contagia. Deixa-nos mais felizes e nos faz acreditar que é possível produzir mudanças em nossa vida.

A referida cliente passou a ser referência para algumas colegas, e foi nisso que sustentamos toda a sua energia para seguir em frente. Comemorávamos cada pequeno passo. Cada novo cliente. Trocávamos mensagens pelo celular a cada pequeno passo dado. O prazer estava em todo o caminho, e não apenas na linha de chegada.

Em determinado ponto do nosso trabalho, a cliente passou a alcançar resultados inesperados e em cinco meses conquistou a posição de diretora da multinacional, passando a usar o seu próprio *case* como fonte motivadora para as demais integrantes da equipe.

Era a energia GoHard florescendo cada vez mais.

E assim foi com diversos outros clientes com que tive o privilégio de compartilhar essa energia tão contagiante.

Certa vez houve um *case* em que o trabalho se desenvolveu de uma forma inesperada. O cliente era executivo de uma indústria, onde liderava um grupo com mais de cem pessoas, e tinha um salário digno de orgulho.

Ele me procurou com o objetivo de propor uma visão sistêmica da sua vida. Logo no primeiro encontro comentou que sentia falta de algo e que andava com baixa energia para viver certas situações. Tinha como âncora emocional sua esposa e seu filho, mas em outros meios a sua vida estava com o copo muito mais vazio do que cheio.

Durante o trabalho, foquei em desenvolver com ele um lado mais solto, que gerasse permissão interna para ele ser mais autêntico em relação às suas próprias emoções e atitudes. Eu entendia que a melhor maneira de ele lidar com seus colegas e chefes na empresa seria ampliando a sua inteligência emocional e social. Aos poucos fomos descobrindo outras fontes de prazer e satisfação e ampliando a sua confiança e autoimagem com base nos resultados que ele já havia obtido na vida até então.

Aos poucos foi surgindo um homem mais leve, mais divertido e de bem com a vida. Com isso, o conflito que ele vivia na empresa foi ficando ainda maior. A dor que vinha do alto estresse que existia havia algum tempo na carreira tornou-se mais intensa conforme o trabalho se desenvolvia.

Por motivos pessoais, precisei ficar três semanas sem atendê-lo. Quando voltamos a nos encontrar, tive uma enorme surpresa e a prova de que ele estava com alta energia para ajustar sua vida e se sentir mais feliz. Ele tinha resolvido pedir demissão da empresa, mas isso foi somente uma parte do seu plano. Havia feito cálculos financeiros e combinou com a esposa que estudaria inglês fora do Brasil. Na volta iria analisar algumas opções de carreira e, acima de tudo, estava disposto a escolher algo que estivesse mais alinhado com o seu estilo de vida e com as coisas que verdadeiramente lhe traziam prazer.

Sempre que um cliente toma esse tipo de decisão, eu me sinto no dever de checar se a pessoa está realmente disposta a pagar o preço que inevitavelmente será cobrado. Toda mudança gera perdas. É um processo de perder para ganhar.

No caso dele, fizemos uma reunião prolongada para analisar os ganhos e as perdas resultantes dessa decisão, e mais uma vez ele me surpreendeu ao demonstrar plena consciência dos riscos. Era uma decisão tomada de forma equilibrada e verdadeira. Comentei que não fazia ideia de onde ele chegaria com essa atitude. Afinal, nunca sabemos de fato aonde vamos chegar. Mas o prazer que ele demonstrou pelo caminho e a consciência do que estava fazendo com certeza o levariam a uma vida mais feliz. Ele estava abrindo mão de vencer um jogo externo para não deixar de vencer um jogo interno. E, como foi dito no primeiro capítulo deste livro, não conheço vencedores de jogos internos que não sejam felizes!

Tive também o caso de uma cliente jovem que precisava romper o cordão umbilical com o pai para poder transcender. Já havia perdido a mãe e praticamente ocupava um papel de dona de casa. No início do nosso trabalho, ela não via opções de saída. Era quase uma refém do processo familiar. Fomos aos poucos desenvolvendo alternativas e montando um plano de ação. A cada nova etapa, ela ia criando coragem para compartilhar com o pai a sua decisão de sair de casa e buscar a sua independência não apenas financeira, mas emocional. Um dia, em um movimento meio impulsivo, ela resolveu contar ao pai o seu plano. A questão não era meramente sair de casa, mas compartilhar o que pretendia da vida e como iria conquistar o que planejava. Sair de casa era apenas uma parte desse plano.

A reação do pai foi surpreendente. Mesmo emocionado e com certo ar de descrença (atitude que sempre se repetia em relação a ela), ele a apoiou e disse que estava se preparando para isso. Uma conversa simples, mas não fácil. Pai e filha estavam pela primeira vez conversando de forma tranquila sobre uma decisão dela, que lhe daria uma nova vida. O que antes era um caos havia chegado ao ponto de equilíbrio.

Muitas vezes, para uma simples conversa é necessária muita energia GoHard. Não existe a possibilidade de "meio que falar". É importante que realmente possamos debater, falar e ouvir a respeito dos planos que temos.

E, a cada momento GoHard de um cliente, maior se torna a minha convicção de que, quando uma pessoa realmente se transforma, ela transforma os outros à sua volta.

E você? Está sendo GoHard naquilo que quer melhorar em sua vida?

SAIR DA ZONA DE CONFORTO SEM SAIR DA ZONA DE SATISFAÇÃO

Nunca fui um aluno exemplar na escola. Tirei notas baixas desde as séries iniciais. Mas não me considerei um aluno com dificuldade de aprendizagem, muito pelo contrário. Com 16 anos comecei a estudar neurolinguística, obviamente fora da escola, que muitas vezes ainda insiste em um modelo nada atraente de ensino. Nesse estudo paralelo, pude comprovar que tinha uma excelente capacidade de aprender, mas que esse aprendizado era um processo seletivo. Aprendia somente aquilo que me gerava satisfação. Acredito que é assim para a maioria das pessoas, mas cedo percebi que o processo de aprender está diretamente associado à capacidade de se satisfazer com a atividade.

Em todos os meus anos escolares, os períodos de provas sempre foram de pânico, estresse e nervosismo. A cada ano existia o risco de eu ser reprovado e ter de repetir a série. Eu sabia que não tinha boas notas porque não estudava. Tinha preguiça. Minhas tardes livres eram tomadas por brincadeiras solitárias de alto poder de imaginação, de leituras sobre textos "adultos" para a minha idade, de jogos que envolviam estratégia e de coleções das mais variadas espécies. Nessa rotina, não havia espaço para estudar o que a escola exigia. Achava tudo aquilo sem graça e sem uma lógica produtiva na minha vida. Não que isso fosse correto, mas era a minha forma de me relacionar com as demandas escolares.

Certa vez, meu pai teve um ataque de fúria e me obrigou a escrever um pequeno cartaz e colar na parede ao lado da cama para que eu o lesse todos os dias. Nessa folha tive que escrever: "Estudar é a minha obrigação". Sei que meu pai fez por bem, mas mal sabia ele que estava apertando o maior gatilho destrutivo para a minha jornada escolar. Se aquilo em que eu não via nenhuma satisfação era a minha obrigação, logo associei que obrigações não geram satisfação. Iniciei uma reflexão que anos depois vim a aprofundar, criando a expressão que denominei "zona de satisfação".

Não se trata de deixar o filho fazer tudo o que quer, mas sim estimulá-lo a querer aquilo que fez. Afinal, a mudança, o aprendizado e o crescimento ocorrem fora da zona de conforto, mas apenas se sustentam na zona de satisfação, que vou comentar neste capítulo.

Assim como o compromisso de estudar na infância e na adolescência, a vida nos impõe uma série de necessidades para uma vida melhor. Porém, o que torna os resultados mais assertivos é a capacidade de encontrar na jornada alguns pontos de satisfação.

> Tudo o que é feito sem sentido, sem vontade e sem algum grau de ganho não é bem-feito. Atividades mal executadas geram maus resultados.

Portanto, eu me aprofundei na questão da busca pelo sentido durante o processo de mudança dos meus clientes. Esse sentido não poderia estar exclusivamente no resultado final, mas sim durante todo o percurso.

Mudar é, muitas vezes, difícil. Requer determinação e disciplina. E o processo de aprendizado geralmente é chato na sua fase inicial. Lembre-se da primeira vez em que dirigiu um automóvel, das primeiras aulas de uma língua estrangeira, da primeira vez em que precisou aprender uma tecnologia para utilizar um aparelho ou ainda do início de um novo emprego cheio de regras e processos até então desconhecidos. Era chato, não? Temos a sensação de que não vamos aprender, correndo o risco de perder a paciência com o processo e talvez até desistir de tal avanço. Porém, basta começar a ter benefícios com determinada aprendizagem que tudo passa a fazer mais sentido, e seguimos evoluindo por prazer, e não mais por "obrigação". Depois que você já aprendeu a sair com o carro sem deixar o motor "morrer", usufrui o benefício da autonomia e aos poucos se torna um motorista melhor. Depois de aprender uma nova língua, começa a se divertir ao entender letras de música e diálogos em filmes. A tecnologia que antes era chata começa a ser atraente no momento em que podemos ajudar outras pessoas. E o emprego que antes provocava insegurança passa a servir de estímulo a novos desafios.

Todo processo de aprendizagem passa por essa etapa inicial, que costuma ser chata e exigir muita disciplina e frequência. E o que percebo em meus clientes de coaching é que, quanto mais rápido for encontrada uma zona de satisfação no processo, mais rápida e sustentada a mudança será.

Tive um cliente que era um empresário muito bem-sucedido. Sua empresa já havia chegado a patamares de alto desempenho e lucratividade, mas o preço desse sucesso estava sendo alto demais para ele, que buscava no coaching a capacidade de reencontrar o seu equilíbrio como pessoa e curtir a vida de uma forma mais leve.

Em nosso primeiro encontro ele comentou que o seu principal objetivo naquele momento era voltar a gargalhar. Não se lembrava da última vez em que havia gargalhado sem que fosse por prazeres adquiridos.

Ele percebera que dinheiro não traz felicidade, mas sim compra prazeres. O dinheiro nos possibilita adquirir coisas boas, ter momentos de lazer muito mais atraentes e nos exime de uma preocupação frequente à maioria da população. Mas o dinheiro em si não traz felicidade. A abundância de dinheiro permite *comprar* prazer o tempo todo. Um bom carro, uma boa casa, boa comida, passeios, viagens, roupas, acessórios, presentes. E comprar prazeres pode dar à pessoa a falsa impressão de felicidade.

Era essa a leitura que eu fazia desse cliente. No meu entendimento, só é feliz de fato quem independe de dinheiro para isso. Conheço pessoas que se dizem felizes, mas são reféns do dinheiro para atingir essa condição. Esse cliente estava nessa situação. Sua felicidade era baseada nas suas aquisições e em programas sociais que o seu dinheiro lhe permitia fazer. Ele não experimentava a deliciosa sensação de estar feliz em momentos simples. Poder se sentir bem sozinho, dirigindo o carro, caminhando na praça, tomando banho ou em uma mera conversa entre amigos.

> A felicidade, de forma mais autêntica, é mais bem percebida na simplicidade. Ela é causa, e não consequência, da qualidade de vida que temos.

Em um determinado momento do processo, sugeri a esse cliente que as nossas sessões passassem a ser realizadas em parques, museus, centros históricos, quadras públicas de esporte, cafés. Busquei locais onde o poder aquisitivo dele não faria diferença e onde, para que o momento pudesse ser aproveitado, seria necessária muita conexão com o aqui e agora.

A cada novo encontro, eu desligava o celular dele e o colocava no meu bolso. Nas primeiras vezes, a reação foi de irritação e desconforto, como se não fosse possível se desligar de um telefone por uma hora e meia. Aliás, na primeira vez em que fiz isso, ao término do encontro ele comentou que só havia ficado "tanto" tempo sem usar o celular quando estava dormindo. Fazia anos que ele não se conectava consigo mesmo, ignorando o que acontecia ao redor.

Em cada caminhada, buscávamos a conexão com a respiração, a atenção às sensações físicas e ao nível de batimento cardíaco que seu corpo demonstrava. Enquanto isso, conversávamos sobre suas metas pessoais e sobre as opções para que pudesse modificar a sua rotina e tornar a vida mais divertida.

Em certa ocasião eu o fiz refletir sobre a possibilidade de que estivesse morto e perguntei quem seriam as pessoas que estariam no seu velório. Ele respondeu que estariam apenas pessoas ligadas à sua carreira. Sócios, colegas, clientes, fornecedores e um minúsculo grupo familiar. Seguimos a caminhada silenciosos e deixei-o tomar posse do que havia acabado de responder. Ele me olhava esperando a próxima etapa do exercício e eu apenas o fitava atentamente nos olhos. De repente, ele começou a chorar discretamente e passou a contar o que gostaria de dizer a essas pessoas. Percebeu que, se tivesse morrido naquele dia, poucas pessoas de relações amorosas iriam se despedir. E foi naquele instante que notei em seus olhos que o processo de mudança começava a fazer sentido, que estávamos entrando em uma zona de satisfação. A partir dali, tirar um tempo para pensar em si e ficar "isolado" não seria mais parte do meu método. Ele buscaria esse isolamento porque encontrara respostas para estimular atitudes que traziam felicidade. Os pontos haviam começado a se ligar!

Naquela mesma noite, recebi um SMS dele contando que havia brincado com seu filho de 3 anos e, pela primeira vez, dissera que o amava. Confesso que, como coach, momentos como esse dão vida à minha jornada. Perceber que eu tinha adubado uma semente que sempre existiu e agora começava a florescer.

A mudança ainda era desconfortável e difícil. Como presidente de uma grande empresa, ele encontrava dificuldades para se permitir o tempo que o nosso processo exigia. Mas a diferença era que a busca passara a ser interna e desejada. Ele ainda lutava na sua zona de conforto, enquanto encontrava satisfações que justificavam o processo de mudança.

Não sabemos o que vamos encontrar, mas é a capacidade de estar conectados nessa busca que torna o caminho muito mais prazeroso.

> Quem já pode usufruir satisfações vindas de algum tipo de mudança torna-se mais forte para outros desafios que, inevitavelmente, a vida trará.

Outra cliente que exemplifica bem a zona de satisfação é uma mulher que buscava o equilíbrio entre mente e corpo. Tinha muita admiração por pessoas que se exercitavam fisicamente, mas não conseguia se enxergar praticando qualquer tipo de atividade física.

Em determinado encontro, ela trouxe um plano que estava disposta a iniciar. Havia fixado como meta começar a frequentar a academia perto da sua casa. A proposta era montar um treino de uma hora e se exercitar três vezes por semana. Ela estava bastante determinada e falava de forma muito empolgada, pois se dizia motivada naquele momento.

Perguntei quantas vezes ela havia começado a frequentar a academia e parado pouco depois, sem dar tempo de ver no corpo as reais mudanças. Ela me disse que fizera isso várias vezes. Perguntei o que seria diferente daquela vez e ela não soube responder. Desfiou algumas desculpas superficiais que, na prática, não fariam diferença.

Não sou especialista em treinamento físicos mas me considero um treinador no processo de mudança. Havia ali mais uma cliente em quem eu poderia aplicar o conceito da zona de satisfação.

Propus a ela que fosse para a academia e ficasse menos tempo. Que demorasse mais do que o ideal para valorizar o esforço, mas menos do que o suficiente para achar desgastante. No momento em que não aguentasse mais os exercícios, que fosse embora. Assim, ninguém a seguraria mais na academia contra a vontade, então ela não veria mais aquilo como obrigação. Nesse caso, era o oposto do pequeno cartaz que escrevi na adolescência. Precisávamos trabalhar o conceito de que ser saudável não é uma obrigação, e sim uma opção. Estar em boa forma física é uma escolha, e ela precisava encontrar satisfação em todo o processo. O sentido não poderia estar apenas no fim, quando tivesse o corpo e a disposição desejados. Precisava encontrar um sentido ao longo de todas as visitas à academia.

E assim aconteceu. Nos primeiros dias ela realmente ficou pouco tempo na academia. Em menos de 30 minutos já estava de saída, contrariando as orientações dadas pelos professores. Não sou da área de educação física, e minha única proposta era propiciar a ela uma espécie de reelaboração das atitudes. Seu corpo, no sentido mais completo — cérebro, músculos, pensamentos e emoções —, precisava experimentar outra relação entre causa e consequência. Até então ela só havia conhecido a prática de exercícios com exaustão, da forma mais chata, que a fazia desistir e reafirmar a crença de que não poderia ser uma mulher com ótima forma física. Eu queria que ela descobrisse apenas os pontos fortes.

Depois de algumas idas à academia, ela percebeu que aos poucos foi ficando mais tempo e que estava gostando disso. Sentia quase uma necessidade de terminar o treino, pois queria ter a sensação de vitória. Foi nesse momento que propus que continuasse ficando pouco tempo e voltasse para casa sem o treino completo. Inicialmente ela não entendeu, e apenas pedi que assim o fizesse. Meu objetivo era que ela começasse a experimentar a sensação de querer mais. Registrar essa memória corporal para que no momento certo pudesse aumentar o seu treino sem sair da zona de satisfação. Ela não poderia correr o risco de voltar a se sentir exausta, cansada e impaciente. Essas emoções nos levariam a um resultado já conhecido. Eu queria que ela fosse devagar para poder atingir resultados rápidos e, principalmente, para que pudesse se tornar de fato uma mulher diferente.

Foi encantador ver ao longo dos meses aquela mulher se transformando durante os nossos encontros. Seu sorriso agora era mais espontâneo, e a leveza ao falar dos próprios problemas foi ficando mais frequente. Ela estava se tornando uma mulher mais leve, em todos os sentidos.

Nessa fase iniciamos novas rodadas de zona de satisfação, em que propus que ela comprasse roupas que lhe caíssem melhor e que começasse a pedir *feedback* às pessoas. Ela precisava escutar elogios, que em geral o ser humano não tem o hábito de fazer. E são justamente os elogios que criam estímulos para prolongar o tempo de satisfação pessoal. Fizemos exercícios que envolviam propiciar espaço para a opinião das pessoas sobre a saúde e o corpo dela.

Ela dizia que pareciam elogios falsos, pois tinha a sensação de serem forçados. De certa forma ela estava com a razão, afinal não eram espontâneos. Mas tinha o direito de dizer a amigos e familiares que seria importante naquela etapa receber elogios e que estaria aberta à opinião de quem a quisesse expressar. Ela não estava pedindo elogios, mas avisando às pessoas mais queridas que a opinião delas era importante. Dois dias depois recebi um e-mail dela contando que mais pessoas do que imaginava a tinham elogiado. Que até mesmo pessoas com quem ela não havia falado sobre essa necessidade tinham, "coincidentemente", elogiado as suas mudanças. Mais uma vez os pontos estavam se ligando e a zona de satisfação estava sustentando não uma nova prática de exercícios, mas uma nova mulher.

Outra situação em que pude constatar o resultado da zona de satisfação foi com o participante de um workshop que ministrei. Estava realizando um trabalho de alinhamento de comportamentos entre os sócios de uma empresa e um deles resolveu participar do workshop mais intenso de todos que desenvolvo. Um fim de semana com alta carga emocional em uma viagem profunda rumo àquilo que é mais importante na vida de cada um.

Percebi ao longo do curso que ele era um dos participantes mais ativos e talvez um dos mais intensos na manifestação de emoções. Ficou emocionado em diversos momentos e registrou inúmeros *insights* em suas páginas de anotações.

O curso terminou em um domingo, e na segunda-feira seguinte me reuni novamente com esse grupo de sócios, composto de quatro pessoas. Nesse dia testemunhei uma das cenas mais surpreendentes de autoconhecimento e exposição dos últimos trabalhos que havia realizado. O cliente abriu a reunião fazendo uma apresentação de tudo o que havia descoberto no curso e assumiu diante de todos que tinha entendido quais comportamentos dele estavam atrapalhando o andamento do grupo. Ele era o líder principal naquele processo, por isso sua exposição surpreendeu a todos. Em meio a choros e risadas, ele pediu aos sócios colaboração para uma mudança que pretendia realizar. Estava pedindo ajuda para que os sócios pudessem mantê-lo em uma zona de satisfação enquanto ele tentava mudar certos comportamentos que geravam pressão e estresse entre os demais. Pela primeira vez ele não queria mudar suas atitudes porque os sócios pediram. Queria mudar porque percebeu que aquele modelo de comportamento não estava lhe trazendo satisfação. Era apenas um modelo automático e repetitivo, que também causava pressão e estresse internos.

A emoção gerada naquele encontro foi tão grande que permitiu aos demais sócios expor outras questões, e um diálogo mais íntimo se iniciou naquele grupo. A zona de satisfação de um havia contaminado a zona de satisfação dos outros, como uma espécie de corrente do bem. Logicamente, isso não garantia que as atitudes não se repetissem, mas fora criado um ambiente diferente para lidar com a situação.

No mesmo dia, convidei esse cliente para jogar golfe, pois sabia do interesse dele pelo esporte. Na data marcada, nós nos encontramos e fomos para a área de treino (*drive range*). Com a ajuda de um professor, ele aprendeu as noções básicas e, quebrando os protocolos do golfe, fomos juntos para o campo. Não jogamos em formato oficial, mas eu queria que ele experimentasse a diferença entre jogar sob pressão e jogar de forma leve. Desligamos os celulares e fomos para a parte mais silenciosa do campo, onde escutávamos apenas o barulho dos pássaros. Naquele momento eu não quis jogar, mas deixei-o jogar sozinho, para curtir o momento. Seu desempenho acabou sendo acima do padrão inicial, o que o deixou extremamente satisfeito. Ele estava alegre como uma criança e em pleno meio de semana experimentava uma sensação de total conexão com seu corpo, sua mente e seus desejos.

Em seguida, propus começarmos a jogar os dois, e avisei que estaríamos em uma caçapa mais difícil, na qual eu jogava muito bem. Disse a ele que só o havia levado lá porque vi que ele tinha capacidade para tal. Naquele momento disparei o diálogo interno dele, que o levava a uma zona de total desconforto e também fora da satisfação.

Por ser uma pessoa competitiva (e eu sabia disso), ele mudou sua expressão facial e resolveu voltar a pensar na técnica que o professor havia ensinado. Conforme o previsto, seu resultado foi vergonhoso, não conseguindo fazer a bola percorrer mais do que cinco metros. E o mais incrível e motivante nesse cliente era a capacidade que ele tinha de entender o processo de aprendizado sem grandes interferências minhas. Ele mesmo percebera que eu havia gerado a mesma pressão que ele gera nos sócios e que isso atrapalhara a sua performance. Ele parou de jogar por satisfação e passou a desejar apenas ir bem. Seu mapa mental também desenhava um pequeno cartaz com os dizeres: "Ter um desempenho acima do padrão é a sua obrigação". E ali comprovávamos juntos que, fora da zona de satisfação, as mudanças não ocorriam da forma mais assertiva.

Conheço muitos treinadores e preparadores de times e de atletas que pressionam para um bom resultado e conseguem resultados muito positivos. Não questiono esse método, até porque o meu trabalho tem outro objetivo. O meu foco está em vencer o próprio jogo, como vimos no primeiro capítulo deste livro.

Os resultados positivos obtidos por pressão existem e sempre existirão. Porém, algumas pessoas acabam pagando essa conta mais tarde. E, pior, mais alguém paga esse preço junto.

O meu objetivo como Coach de Vida nunca foi tornar os meus clientes pessoas vitoriosas. Meu propósito sempre esteve voltado a transformar as pessoas naquilo que elas julgavam ser o mais feliz possível. Vencer ou não sempre foi uma decisão do cliente, como consequência do trabalho. Jamais foi e jamais será a causa que me move a continuar ajudando as pessoas a encontrar suas zonas de satisfação.

FUGA PARA PROTEGER OU DESPROTEGER?

Mentir para si mesmo é sempre a pior mentira. E, nesse caso, a verdade sempre protege.

Em determinado momento da prática de Coaching de Vida, algumas pessoas deparam com a dor mais profunda. É um momento de consciência daquilo que de fato traz insatisfação. E nessa hora é comum que o cliente perca o foco do trabalho.

Porém, meu papel é justamente ampliar esse momento. A dor move. Pode ser que mova para algum lugar também ruim, mas move. A menos que o cliente seja altamente depressivo e queira se manter na dor, em geral as pessoas buscam evitá-la e, portanto, se movimentam como numa espécie de fuga.

Neste capítulo quero me aprofundar em dois tipos de fuga que analisei durante o trabalho de coaching.

A primeira refere-se a fugir do próprio processo de mudança. Já passei pela experiência de os meus clientes simplesmente fugirem de mim. E, em todos os casos em que isso ocorreu, sempre foi no momento-chave do

O ENCANTADOR DE PESSOAS

processo. Definíamos as questões de valores, o cenário presente e os princípios desejados de mudança. Quando chegávamos ao ponto de iniciar o plano de ação, o cliente desaparecia. E quando uso a palavra desaparecer não é exagero. Muitas vezes ele não atendia mais às minhas ligações, nem respondia a e-mails ou mensagens. Realmente estava abandonando um trabalho que havia iniciado em vão.

Não me cabe julgar os motivos que os levaram a fazer isso, até porque uma boa parte desses clientes, infelizmente, nunca mais voltei a encontrar. Porém, com base em alguns que voltaram ao trabalho depois de um tempo de silêncio e inércia, percebi que o que acontece é uma desistência no momento em que acertar ou falhar dependerá exclusivamente de cada indivíduo. É no plano de ação que a vida se transforma, e durante a sua execução não podemos culpar os outros. Somos nós mesmos os responsáveis por aquilo que fazemos (ou não) em prol do que queremos mudar.

Talvez a carga emocional seja muito pesada, ou talvez seja mais "fácil" a pessoa interromper o coaching do que admitir que não consegue desenvolver as atitudes recomendadas. E essa fuga não se refere ao trabalho comigo em si. Os clientes podem não se identificar com o meu método e buscar outras formas de mudar a vida. Mas o que eu acho que ocorre é a fuga da mudança, de forma geral. Durante o processo de coaching, as pessoas tendem a reproduzir aquilo que costumam fazer no seu cotidiano. Quem tem dificuldade de falar acaba tendo dificuldade de falar comigo. Quem sente medo e insegurança necessita de mais tempo de planejamento para efetuar um plano de ação. E quem costuma desistir de ser agente de mudança da própria vida para ficar na sombra da falsa culpa dos outros acaba também desistindo do trabalho de coaching ou de qualquer outro que provoque a mudança a partir de uma ação própria.

> Eu não mudo as pessoas. São as pessoas que descobrem um espaço para mudar em resposta ao meu trabalho.

Um profissional que trabalha com comportamento humano jamais pode se sentir onipotente a esse ponto. E uma pessoa nunca deixará de contar com o devido poder de mudança que vem do seu interior. Ainda assim, o processo de mudança é desgastante, e muitas vezes é preciso disciplina para chegar ao ponto desejado.

Nesse caso, fugir traz a sensação de estar protegido, pois a pessoa não precisa se expor e assumir sua desistência. Mas acredito que ocorra justamente o oposto, causando uma total falta de proteção. A falta de informação aumenta a fantasia, e o lado "abandonado" pode criar diversas hipóteses sobre o motivo que levou a pessoa a desistir. Além disso, dificilmente alguém que se esconde atrás dos medos terá ajuda dos outros, por isso acredito que a fuga nesse caso não protege de forma alguma. Ao contrário, se a pessoa resolve se expor e assumir que está com dificuldade, que tem medo e que está pensando em desistir, pode receber apoio, compreensão e motivação. E é justamente nessa exposição que surge a proteção. Entendo o medo de admitir fracassos, mas o fato de não tentar torna esse tipo de resultado permanente.

Do lado oposto dessa situação estão os clientes que enfrentam todas as suas características negativas em busca de crescimento. Essas pessoas não são diferentes das listadas anteriormente. Também sentem medo, vergonha e tristeza. Também pensam em desistir. Porém, ainda assim elas agem. Preferem a dor de barriga, a dor de cabeça e a ansiedade generalizada à preguiça e à acomodação. Enfrentar os medos é difícil, mas é a única forma de se livrar deles.

Em um dos workshops que realizo, havia um participante jovem, do interior, empresário, solteiro. Ele participou de um evento e depois fez todos os outros dentro do programa de Coaching de Vida. Tínhamos o hábito de trocar e-mails, e eu percebia que aquele caminhar estava modificando a vida dele.

Certa vez, encontrei-o, por casualidade, em um evento e ficamos por um bom tempo conversando a respeito das mudanças que fazemos na vida. No diálogo, ele demonstrou que estava disposto a mudar muitas características suas, mas que em algumas situações estava encontrando bastante dificuldade. Disse que precisava de mais tempo para pensar em si. Eu sabia que ele gostava muito de vinhos (assim como eu) e que tinha curiosidade pelo golfe. Então, ao nos despedirmos, convidei-o para vir até a minha cidade e passarmos o dia juntos. Minha proposta era desligar os telefones celulares, entrar em contato com a natureza de um campo de golfe e conversar sobre as angústias dele. Queria propor a sensação de materializar os sentimentos por meio de um esporte. No fim do dia, sentaríamos para uma celebração com taças de vinho.

Ao contrário do que muitos pensam, um dia como esse não custa caro. Muitas pessoas podem se organizar para se permitir um momento como esse. Não precisa ser com um coach, nem com golfe e muito menos com vinho. Mas se permitir um momento de reflexão em uma conversa inteligente e transparente. Uma espécie de movimento de desconectar para se conectar com o que realmente interessa.

Alguns dias depois recebi um e-mail do cliente confirmando o agendamento de uma data para isso. Como seu trabalho era bastante corrido, o encontro ficou marcado para quase dois meses depois. Para mim não importava o tempo de que ele precisou para organizar isso, mas sim sua preocupação e fidelidade ao próprio processo de mudança. Esse é o perfil de pessoa que não foge da sua vontade de evoluir. E essa atitude era um sinal de que ele estava agindo assim também em outras situações.

Fiz questão de buscá-lo no meu carro, em um lugar previamente combinado, e tivemos a sorte de ser um dia ensolarado. No caminho em direção ao clube conversamos sobre a capacidade de não julgamento que o ser humano precisa desenvolver. Mais do que conselhos, bons amigos fazem perguntas corretas. Não adianta pensar no que faríamos no lugar de outra pessoa. O relevante é pensar o que a pessoa faria no lugar dela. É importante entender que não sabemos qual é o jogo que dá sentido aos outros, e jamais saberemos. Cada um pode encontrar um jogo que torne a sua vida melhor, mas só sei exatamente que jogo é esse quando se trata do meu. Para ajudar um amigo, o melhor é não julgar e saber fazer as perguntas corretas para que ele se questione se aquilo que está fazendo (ou deixando de fazer) o levará para a vida que ele pensa ser a melhor.

O jovem empresário comentou que, depois que pôs em prática essa forma de pensar e de ajudar os outros, suas relações ficaram mais fáceis. Mas seu objetivo naquele encontro era gerar um espaço para os próprios questionamentos. E ter coragem de topar o confronto com questionamentos pessoais é o oposto de fugir.

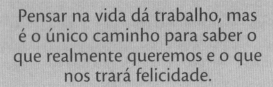

Pensar na vida dá trabalho, mas é o único caminho para saber o que realmente queremos e o que nos trará felicidade.

Muitas vezes, no interesse de ajudar uma pessoa com certa dificuldade, oferecemos o famoso "ombro amigo". Brindamos a pessoa com estímulos e afirmações de que o tal problema vai passar e a acolhemos com abraços e afagos na cabeça. E não há quem não goste desse momento, que também é muito importante para todo ser humano. Esse tipo de comportamento é carinhoso e protetor no sentido de gerar confiança. Mas, no que diz respeito a gerar ação para uma mudança efetiva de vida, esse tipo de atitude não ajuda. Se o objetivo é apenas transmitir afeto, funciona. Mas, se é gerar permissão e estímulo para a pessoa evoluir diante do impasse, o melhor é questionar o que está ocorrendo e o que a pessoa pode fazer diante disso. Em vez de afagos, pensamentos. Em vez de abraços, perguntas. E deixar todo o carinho para um momento de comemoração ou de simples troca de afeto. Não precisamos criar o hábito de transmitir carinho diante das dificuldades. Isso apenas ensina a fugir daquilo que realmente precisa ser enfrentado.

No caso do referido cliente, esse era o objetivo daquele encontro. Ele não estava buscando em mim palavras de carinho, queria pensar adiante e ser estimulado a dar os próximos passos.

Ele comentou que tinha chegado a um ponto semelhante ao período em que a escola termina: não sabia o que fazer a partir dali. Não havia alguém para ensinar a sequência.

Obviamente, não cabia a mim ocupar esse espaço. Eu também não fazia ideia de quais seriam os próximos passos a serem dados. Mas era visível que eu estava diante de um homem que não queria fugir. Um homem que buscava proteção na sua própria consciência.

Ficamos horas conversando a respeito das coisas que davam sentido à vida dele. Entre uma tacada e outra, conectamos todas as questões que denotam uma vida equilibrada, admitindo que para ser feliz não existem regras ou fórmulas.

Não acredito em dicas para ter uma vida melhor. No início, as livrarias estavam repletas de obras com dez dicas para ser feliz. Mais tarde, em meio a uma sociedade apressada por resultados, começaram a surgir livros com cinco dicas para uma vida plena. E ultimamente os especialistas já vendem uma vida boa com apenas três dicas.

O ENCANTADOR DE PESSOAS

Mas como pode alguém que não conhecemos definir três, ou cinco, ou dez dicas para que a vida seja melhor?

> Eu não tenho a mínima ideia do que você, leitor, pode fazer para ter uma vida melhor. Sei apenas o que faz a *minha* vida melhor.

E o que também sei, mesmo sem conhecê-lo, é que você pode ter uma vida feliz. Essa tal felicidade está à disposição de todos. Não é fácil, mas é possível. Por fim, também aprendi que, para alcançar uma vida boa, que faça sentido, não podemos fugir justamente daquilo que se torna uma barreira para encontrar esse sentido.

O outro tipo de fuga que quero examinar neste capítulo é ainda pior. É fugir de nós mesmos. Muitas vezes resolvemos simplesmente não pensar em determinada situação, na falsa ideia de que, ao não pensar, não sentiremos. E não sentir é algo de que nenhum ser humano está isento. Portanto, parece-me mais lógico sentir livremente o que precisa ser sentido. Podemos nos proteger ao não querer compartilhar com os outros, mas jamais nos protegeremos ao não querer pensar, íntima e isoladamente.

Imagine que sua conta bancária esteja negativa. Então, surge a ideia superficial de que, se não consultar o extrato bancário, você esquecerá que está no negativo e a vida será melhor. Mas o que acha que vai acontecer? Não verificar o extrato lhe trará dinheiro para solucionar a situação?

Aumentar o som do carro não consertará a suspensão que está desgastada.

Apertar a bochecha não resolverá a cárie no dente.

Deixar de falar o que incomoda não acabará com a irritação.

Deixar de pedir o que precisa não satisfará certas necessidades.

E não pensar, comentar ou discutir certas ações (ou a falta delas), emoções e sentimentos não nos protegerá. Também é possível achar que devemos ficar reféns de algo que não nos faz feliz por acreditar que o confronto com aquilo que não nos satisfaz vai nos deixar ainda mais insatisfeitos.

Mais de uma vez, tive clientes que diante de situações desconfortáveis preferiram não agir. Um deles, ao ser demitido, não fez contato com pessoas que poderiam ajudá-lo com receio de que elas pudessem julgá-lo por ter sido dispensado. E mais uma vez, na busca por se proteger, acabou se desprotegendo, colocando os resultados positivos de sua vida em um ponto distante, quase como uma punição ainda maior pelo que já tinha acontecido.

Esse cliente tinha consciência de que precisava conversar com pessoas que poderiam ajudá-lo a encontrar uma nova colocação. Mas o medo o paralisava. E é justamente sob o domínio do medo que a vida deixa de valer a pena.

O mais interessante é que o tempo gasto em preocupação não costuma ser muito construtivo. Passamos tempo demais preocupados com a interpretação de fatos, fantasias e possíveis consequências. Depois, quando acontece o que antes gerava ansiedade, frequentemente nos

O ENCANTADOR DE PESSOAS

damos conta de que o dano foi menor do que o imaginado. Foi mais simples, menos doloroso, menos traumático.

Mesmo assim, seguimos buscando proteção, fugindo na esperança de não chegar ao destino que nossa mente negativa costuma imaginar.

Encerro este capítulo reforçando que a proposta deste livro não é apresentar regras ou fórmulas para ser feliz. Você sabe o que lhe dá prazer e o que lhe provoca medo. Mas almejo, sim, que este texto o estimule a agir em prol do que lhe dá tesão, daquilo que o move.

Cada um de nós possui um arsenal de gatilhos. Alguns, quando puxados, nos levam para baixo; outros, para cima. Em toda a minha experiência acumulada trabalhando e estudando o comportamento humano, nunca vi casos em que a fuga do que traz infelicidade é um gatilho que move para cima.

Ao encarar os medos, nem sempre se aciona o gatilho que move para cima, mas, todas as vezes que vi alguém fugir do que precisa ser solucionado para ser feliz, e me incluo nesse cenário, o gatilho que move para baixo é acionado.

E, lembre-se, quem aciona esse gatilho é você.

De quais situações se dispõe a parar de fugir?

AFINAL, PARA QUE SERVE O DINHEIRO?

O dinheiro compra a felicidade?

Em minha opinião, não.

Não digo isso como fruto da quantidade maior ou menor de dinheiro que já tenha ganhado na vida. Tenho essa opinião baseado exclusivamente nas diversas horas que acumulei ajudando as pessoas a encontrar o sentido da sua vida.

Sempre gostei e gosto de dinheiro. Porém, acredito que ele compra prazer, que é diferente de felicidade. O que nos confunde é que, quanto maior a frequência de compras para ter prazer, mais parecido esse prazer fica com a felicidade.

Pense em um dia em que você acorda e não precisa trabalhar. Levanta da sua enorme cama coberta por uma colcha de milhares de fios vinda de não sei onde. Desce até sua sala e lá encontra uma linda mesa de café da manhã, que saboreia enquanto aprecia a vista da sua janela. Veste roupas de marca, entra no carro importado e vai passear com seu barco nas águas transparentes que cercam a cidade. No fim do dia resolve passar no shopping para comprar acessórios de algum novo hobby e acaba optando por jantar em um badalado restaurante que acaba de ser inaugurado. Degusta um prato de carnes nobres com vinhos cuidadosamente envelhecidos. Volta para sua charmosa casa e pega no sono assistindo a um grande lançamento do cinema na enorme TV que possui no quarto, escutando o barulho da lenha queimando na lareira.

Não lhe parece um dia perfeito? Pelo menos para mim, sim. Mas esse é um dia feliz? Não sei. Só posso fazer essa afirmação depois de conhecer intimamente a pessoa que viverá esse dia digno de um filme de Hollywood.

Não tenha dúvida de que se trata de um dia em que o dinheiro compra prazeres o tempo todo. E isso sim é algo muito semelhante à felicidade.

Meu avô materno costumava dizer que chorar na favela e chorar em Paris produziam lágrimas diferentes. E é verdade. Na realidade, produzem lágrimas muito, muito, muito diferentes. Mas em ambos os casos são lágrimas.

Nem mesmo os mais afortunados estão livres de frustrações, decepções, tristezas, perdas e qualquer outro sentimento ruim. O dinheiro não cria esse escudo, apenas amplia a oportunidade de sair mais rápido de um estado depressivo.

Isso quer dizer que o dinheiro não tem valor e não é uma meta importante em nossa vida? De maneira alguma.

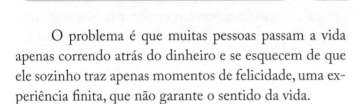

> O dinheiro propicia prazer, qualidade de vida e tranquilidade, que são condições vitais para se sentir pleno.

O problema é que muitas pessoas passam a vida apenas correndo atrás do dinheiro e se esquecem de que ele sozinho traz apenas momentos de felicidade, uma experiência finita, que não garante o sentido da vida.

Pobre daquele que acredita que o sentido da vida é se cercar de luxo e ter uma conta bancária polpuda. Essa é uma parte importante, mas pequena perto da complexidade que é encontrar o real valor das coisas.

Existem dois tipos de crescimento na vida. O crescimento vertical e o horizontal. Imagine um gráfico de crescimento em que, na linha horizontal, esteja tudo aquilo que nos dá a sensação de estar evoluindo. O carro que compramos, o salário que aumentou, o casamento, os filhos, os prêmios, a casa na praia, o investimento no banco, a viagem para a Europa...

Já na linha vertical está o crescimento que nos eleva. Aquilo que aprendemos, que nos tornamos e que ninguém jamais poderá nos tirar. No crescimento vertical está o idioma estrangeiro que foi aprendido, a capacidade de controlar a raiva, o desenvolvimento do afeto e do respeito pelas pessoas, a dedicação à saúde, o respeito pelos familiares. São aspectos internos de evolução. Aquilo que modificamos e melhoramos em nós mesmos.

Tudo no crescimento horizontal é passível de perda. Já no vertical, a evolução depende exclusivamente de cada um.

Ambos são importantes, e é a capacidade de crescer de forma equilibrada que torna a nossa jornada mais feliz. Se traçarmos uma linha que contemple o crescimento vertical e o horizontal em um gráfico, teremos uma linha diagonal, que costumo chamar de crescimento autêntico.

Você tem o hábito de planejar sonhos e metas em sua vida?

Se a resposta foi sim, muito bom. Você já faz parte de uma minoria.

Tem o hábito de planejar sonhos e metas além do período de ano-novo?

Se a resposta foi sim, ótimo. Você com certeza faz parte de um grupo muito seleto de pessoas que realmente dedicam um tempo para pensar na vida.

Nessa sua lista de metas existe alguma que esteja no crescimento vertical?

Se a resposta foi sim, parabéns! Você provavelmente já encontrou o sentido da sua vida, e suas conquistas, seja qual for o tamanho delas, lhe dão muito orgulho da jornada que já percorreu.

Porém, a maioria das pessoas não almeja o crescimento vertical. Raríssimas vezes conheci pessoas que determinam, por exemplo, que querem chegar ao fim do ano sendo mais afetivas e equilibradas. Poucas sonham em aprender um novo idioma pelo simples prazer do conhecimento, e quando buscam algo do crescimento vertical é apenas para conquistar algo no horizontal.

O problema ocorre quando as conquistas começam a aparecer, mas seguimos com a sensação de que é preciso mais. Fica a impressão de que não somos vitoriosos e que ainda há muito a fazer. E isso é cansativo demais!

Querer evoluir e desejar mais não é o problema. Muito pelo contrário, é esse desejo que dá dinamismo à vida. O problema é quando apenas acreditamos que PRECISAMOS de mais.

> Passamos a ter convicção de que não somos felizes porque não possuímos isto ou aquilo. E esta, se me permitem a sinceridade, é uma ideia muito superficial.

Nessa mesma premissa de busca por dinheiro, *status*, poder e outras condições que se conquistam ao longo de uma carreira de qualidade, proponho uma reflexão baseada na grande quantidade de clientes executivos (e executivas) que passam por enormes perdas na vida pessoal em prol do crescimento profissional. Essa é uma queixa corriqueira, e praticamente todos esses clientes sempre tinham a mesma resposta à seguinte pergunta: é possível equilibrar uma carreira de sucesso com qualidade de vida, principalmente nas relações íntimas? A resposta sempre foi não. Embora todos se queixassem a respeito do afastamento das pessoas que lhes eram importantes, também entendiam que não havia um caminho possível para fazer diferente.

O Encantador de Pessoas

Segundo uma pesquisa realizada pela empresa Betania Tanure Associados e divulgada pela revista *Exame*, a média de tempo de trabalho dos executivos — presidentes, diretores e gerentes entre as 500 maiores empresas do Brasil — passou de 13 horas diárias em 2006 para pouco mais de 14 horas diárias em 2012. Somente esse dado já aponta que houve um acréscimo superior a 20 horas de trabalho por mês. Para piorar, nesse estudo não está computado o tempo gasto para se preparar para uma carreira sólida, como aulas de língua estrangeira, MBAs, leituras, cursos de especialização, de liderança, de gestão. Quanto sobra?

A mesma pesquisa aponta que 85% desses executivos declararam que em 2012 trabalharam todos os fins de semana, no mínimo em tarefas realizadas em casa.

Porém, são outros dados que assustam ainda mais: 75% desses executivos estão insatisfeitos com o desequilíbrio entre questões íntimas e familiares e questões profissionais. E, na perspectiva a respeito do casamento, o número fica ainda pior: 95% dos executivos estão descontentes com o pouco tempo disponível para a vida do casal.

Na busca enlouquecida do sucesso profissional, para assim poderem assegurar uma vida de luxo a suas famílias, os executivos não se lembram do que é mais importante. No desejo de ter dinheiro para comprar o melhor para os filhos, os pais trabalham exageradamente e se esquecem de ser, simplesmente, pais.

Lembre-se de você criança. Quais são suas melhores lembranças com seus pais? Os presentes que ganhou? As conquistas que o dinheiro deles lhe propiciava? Ou aqueles momentos em que pais e filhos estavam entregues a uma experiência autêntica de afeto e conexão?

Não sei quanto a você, mas, ao olhar para trás, os presentes que recebi foram muito bons. Porém, o que carrego comigo e que quero compartilhar com meu filho foram os momentos intensos, em que o dinheiro fez pouca diferença. Até hoje guardo na memória os momentos importantes em que meus pais estavam lá, presentes, torcendo por mim, me protegendo, me escutando, me ensinando.

Não faço esse comentário para defender a ideia de que uma boa vida é feita em uma casinha na beira da praia, deitado na rede, sem se preocupar com nenhuma conquista material. Sempre gostei de dinheiro e daquilo que ele propicia. Mas entendo que o mais importante é responder: para quê? Para que eu trabalho? Para que ganho dinheiro? A pergunta "para quê?" não é feita habitualmente.

> Entender os porquês está mais no nosso cotidiano, mas é ao entender os "para quês" que conseguimos perceber se estamos fazendo aquilo que faz sentido em nossa vida.

Sempre acreditei que o dinheiro funciona como uma espécie de amplificador da vida. Se a pessoa está feliz e possui bons valores, o dinheiro lhe permitirá boas experiências e tornará, sem dúvida, sua vida ainda melhor. Porém, se a pessoa é, por exemplo, irritada, exibida,

O Encantador de Pessoas

egoísta (ou qualquer outro adjetivo negativo), o dinheiro lhe permitirá ser assim de forma ainda mais intensa. Muitas vezes, certas atitudes que vemos em indivíduos que roubam muito dinheiro não são diferentes das daquele que mente ou engana em uma situação corriqueira. O que difere esses dois tipos de pessoa é apenas o acesso ao dinheiro. Umas têm e as outras não. Mas ambos os tipos acreditam que é possível enganar e se dar bem. O limite para essa questão de ética e honestidade é muito tênue.

Como dito antes, a maior queixa que recebo tanto de clientes quanto de participantes de workshops está na dificuldade de achar o ponto de equilíbrio entre a dedicação exaustiva à carreira e a disposição de ser feliz nas relações pessoais, amorosas e familiares.

Certa vez escutei uma piada que me fez lembrar a questão analisada neste capítulo.

Havia um bêbado procurando algo na rua, e um guarda, ao ver o cidadão em dificuldade, resolveu ajudar e perguntou:

— O que o senhor está procurando?

— As chaves da minha casa — respondeu o bêbado.

O policial ficou por alguns minutos à procura das chaves e, quando já estava prestes a desistir, voltou a perguntar:

— O senhor tem certeza de que perdeu as chaves aqui?

— Não, eu perdi duas quadras atrás — respondeu o bêbado calmamente.

— Então por que o senhor está procurando as chaves aqui?

— Porque aqui tem luz!

É assim que vejo muitas pessoas que me procuram com o objetivo de recuperar o sentido de sua vida e equilibrar as relações com as pessoas mais importantes de seu convívio. Elas estão buscando da forma correta, mas no lugar errado. Procuram onde há brilho, onde há luz. Isso não significa que seja onde realmente resida sua felicidade.

O prazer às vezes é muito complexo, mas a felicidade é sempre simples. É a capacidade de curtir cada etapa que dá sentido maior à vida. E hoje, infelizmente, somos de uma geração que se sente refém de um falso modelo ideal para alcançar o sucesso. O sucesso não é alcançar aquilo que seu vizinho julga ser sucesso, e sim o que lhe produz a sensação de satisfação pessoal.

Não é à toa que vivemos a maior epidemia de doenças derivadas de questões emocionais. O preço que estamos pagando é alto — o corpo paga, e as famílias, amigos e amores sentem.

Se você almeja ter muito dinheiro na vida, não deixe de desejar. Não precisa mudar o destino, muitas vezes é suficiente mudar o caminho e então fazer dessa jornada algo com real sentido.

O QUE QUEREMOS SER?

O que você ainda quer ser quando crescer?

Não entendo por que, quando nos tornamos adultos, deixamos de fazer essa pergunta. Você acompanhou no início deste livro um exercício sobre o tempo de vida restante. Portanto, volto a provocá-lo a pensar naquilo que você ainda quer se tornar nesse tempo.

Refletir sobre quem queremos ser é algo atemporal. Não existe momento certo ou errado para fazê-lo. Fazemos porque estamos vivos.

Não proponho uma reflexão sobre o que queremos ter, e sim sobre que tipo de pessoa ainda temos vontade de nos tornar. Mais alegre e brincalhona? Mais tranquila? Mais culta? Quem sabe alguém mais saudável? Ou ainda mais familiar?

Cada um deve encontrar dentro de si essa resposta, mas é importante não deixar de se perguntar.

Como eu, você provavelmente não se tornou aquilo com que sonhava na infância. A vida tomou alguns rumos diferentes e talvez outras coisas tenham acontecido

O Encantador de Pessoas

no lugar dos sonhos. Mas não é isso o que mais importa. O mais relevante é o movimento, o dinamismo.

> **A vida é mutante, e feliz é aquele que sabe conviver com essa realidade da natureza.**

Certas pessoas têm medo de mudança. Eu, particularmente, tenho medo de uma pessoa nunca mudar, o que é muito mais triste, pois não permite que ela usufrua todas as possibilidades que a vida pode propiciar.

Algumas pessoas confundem a mudança com levar uma vida em que podem fazer tudo o que quiserem, quando na verdade é simplesmente desenvolver a capacidade de querer o que estiver fazendo. É permitir mudar para continuar tendo satisfação.

Feche os olhos por alguns instantes e imagine-se na infância. Algo entre 5 e 8 anos. Tente se lembrar de uma imagem alegre. Um momento feliz da sua criança.

Se essa mesma criança viesse para o seu tempo presente, ela teria orgulho da vida que você construiu?

Tente criar em uma imagem mental uma conversa com essa criança. Você adulto, nos dias de hoje, e ela essa criança sorridente entre 5 e 8 anos. Dê as mãos a ela. Abrace-a e beije-a. Peça desculpas pelos sonhos não realizados, pela vida chata que você teve em alguns períodos. Peça desculpas por ter se esquecido dos desejos dela e ter se fixado apenas naquilo que a sociedade impõe como fator de sucesso e realização.

O que essa criança lhe diria?

Que vontades ela tinha e foram esquecidas?

Uma vez fiz esse exercício com uma turma de workshop vivencial e ao final um participante comentou que havia se conectado com a sua criança e percebido que ela apenas gostaria de andar de bicicleta.

Ele acabou comprando a bicicleta alguns dias depois e passou a pedalar com alguma frequência. Com o passar do tempo, a esposa e o filho aderiram à ideia, e o momento de andar de bicicleta passou a ser um programa de lazer familiar. Simples assim.

Muitas vezes, nesse tipo de exercício, as pessoas relatam que sua criança tinha sonhos simples e levava a vida de forma muito mais tranquila. Nós é que viramos adultos chatos, pessimistas, críticos, julgadores. Abrimos mão de momentos prazerosos para seguir em um movimento diferente sem ao menos perceber.

Certa vez, ouvi uma frase da minha coach que gravei na memória: "Não é que eu seja mais velha, apenas sou criança há mais tempo!" Fantástico!

Acredito que sábio é aquele que envelhece apenas para dar mais tempo de vida à sua criança interna. Porém, passamos a vida em busca da tal felicidade e nos esquecemos de que as singelas experiências do cotidiano é que nos proporcionam real satisfação e felicidade na vida.

Entendo que o meu papel como Coach de Vida é gerar para os meus clientes um espaço focado em três palavras: autoconhecimento, afeto e permissão. Essas três palavras são essenciais para o processo de mudança.

Autoconhecimento é uma jornada com início, meio, mas sem fim. É por meio dele que conseguimos compreender as nossas reais necessidades e, a partir daí, tornar as nossas atitudes mais autênticas. Às vezes escuto pessoas comentando que somente em determinada idade é que se conheceram e descobriram o que é ser feliz. Talvez estejam certas, talvez não. É importante lembrar que muitas coisas vividas no passado podem perder o sentido ao longo do tempo e hoje estar desconectadas da felicidade. Mas, naquele momento do passado, talvez fizessem sentido. Não acredito que exista um determinado dia em que aprendemos a ser felizes. Essa conquista não é definida por um dia, mas por uma longa caminhada. Ser feliz dá trabalho e exige dedicação. E a felicidade só é conquistada com uma sequência de comportamentos e resultados que tragam sentido à vida. Isso é ter a capacidade de se autoconhecer!

Afeto é uma das maiores riquezas que o ser humano pode compartilhar. Nascemos e morremos com necessidade de afeto. Não no sentido sexual ou mesmo de toque (sensorial). Mas afeto no sentido de ser reconhecido, ser considerado e valorizado. É algo que não se esgota conforme vamos dando e não chega a um limite conforme vamos estocando. É apenas uma energia, não mensurável, mas que modifica o nosso tempo presente. Em qualquer processo de mudança, é necessário haver afeto.

> Precisamos nos sentir seguros, apoiados e reconhecidos por outras pessoas para que a coragem diante de novos desafios seja maior do que o medo que nos paralisa.

Por fim, a palavra mais poderosa em um processo de mudança é: permissão. Pense comigo: você realmente tem permissão para se tornar aquilo que sonha ser? Essa pergunta pode parecer óbvia em um primeiro momento, mas, se nos dispusermos a aprofundá-la, poderemos encontrar respostas que explicam muitos resultados que estão sendo alcançados (ou não) na vida. Reforço que é a palavra mais poderosa porque percebi que é uma questão abordada por praticamente todos os meus clientes. De forma geral, não temos permissão para mudar. Por isso, muitas vezes as mudanças mais radicais que certas pessoas resolvem fazer acabam causando desconforto. É muito difícil ter de enxergar que uma pessoa conseguiu mudar aquilo que tentamos fazer há anos sem sucesso. As pessoas transformadoras geram motivação em alguns e irritação em outros. Somos todos iguais, e, se alguém pode mudar algo grande na vida, qualquer um pode. Não é fácil, mas é simples e possível.

Há clientes que passam muito tempo se queixando de que outras pessoas não colaboram para a sua mudança. Não são mais felizes porque o marido não permitiu, ou o filho não colaborou, ou porque a empresa em que trabalham não dá espaço, ou ainda porque são vítimas de um destino infeliz. E essa é uma das coisas mais absurdas que posso escutar durante um trabalho de coaching. Como podemos ser reféns de uma vida infeliz? Como os outros podem ter tamanho poder sobre a nossa felicidade?

Lembro-me em especial da situação de um cliente. Era um empresário bem-sucedido, tinha dinheiro e *status* na cidade onde morava. Jovem, saudável, casado e com filhos. Procurou-me por se considerar uma pessoa muito inibida. Comentou que desejava se tornar um homem mais sociável, com um círculo maior de amizades e com capacidade de se relacionar facilmente com as pessoas. Ao longo das etapas em que aprofundamos aquilo que realmente o incomodava, foi surgindo uma grande insatisfação pessoal com seu pai. Eles haviam brigado durante muitos anos e nos últimos tempos apenas se cumprimentavam.

O mais interessante é que ele falava do pai com muito afeto. Com frequência se emocionava, mas não enxergava opções para se aproximar dele.

A falta de alternativas também pode ser paralisadora. Esse cliente tinha certeza de que era preciso estar mais próximo do pai para que pudesse estabelecer um lado mais leve no seu perfil. Para ele, o pai ainda tinha muita importância, e, a cada episódio marcante da vida sem a presença do carinho paternal, algo em seu íntimo se feria.

O fato é que ele não se permitia demonstrar amor pelo pai. A raiva e a mágoa de vivências passadas o impediam de tentar novos comportamentos.

Em determinado momento do processo do Coaching de Vida, eu o convidei para viver um workshop de imersão de três dias, com grande impacto emocional. Eu sabia que aquele momento seria importante para ele, e que para liberar essa permissão interna uma conversa no meu escritório não seria suficiente. Seria necessário impactar o seu corpo e chegar à sua mente através do coração. A permissão não poderia ser dada ou incentivada por mim, tinha de ser uma descoberta interna, individual.

No meio do workshop ele me chamou para contar que havia telefonado para o pai apenas para lhe dizer que ele era muito importante. Obviamente o pai estranhou e chegou a desconfiar de que algo de ruim pudesse estar acontecendo. Aquela não era uma atitude padrão, e a troca de afeto não era algo comum na relação dos dois, muito menos por telefone. Ao conversar com meu cliente, percebi que ele estava muito emocionado e feliz por ter conseguido dar o primeiro passo. Perguntei-lhe o que estava sentindo pelo pai naquele momento e ele respondeu que apenas sentia amor. Então questionei se ele havia dito isso ao pai e ele disse que não conseguira. Quando pegou o telefone, o objetivo era esse, mas só conseguiu falar que o pai era importante. Minutos depois, o próprio pai ligou de volta para dizer que havia gostado muito do telefonema. E então, como algo lindo de enxergar, pude perceber que ele estava retomando a permissão para compartilhar o afeto, o amor.

No dia seguinte, no término do workshop, tive o privilégio de estar presente nesse reencontro. Foi uma espécie de presente poder acompanhar a cena que ali se materializou. Após um longo abraço e uma profunda troca de olhares, meu cliente conseguiu dizer que amava o pai. A emoção tomou conta do ambiente e a sensação era de que ambos haviam ficado muito mais leves.

Tempos depois, fiquei sabendo que a relação melhorara. Como as coisas não são mágicas, obviamente eles ainda tiveram outras conversas para conseguir viver mais alinhados. Mas, como venho dizendo ao longo deste livro, a mudança não é um ato isolado, e sim um processo. E, nesse caso, o processo havia sido iniciado com a permissão dada naquele dia.

Certos clientes com mais de 40 anos comentam que sentem vergonha por ainda não saberem ao certo o que querem da vida e o que dá sentido ao tempo restante. Chama atenção o fato de que parece existir uma crença social de que uma vida planejada é a garantia de uma vida feliz. Posso dizer por experiência que as vivências mais felizes da minha vida não estavam totalmente planejadas. A vida é dinâmica, e mudamos o tempo todo.

É muito importante planejar a vida, e foi nesse sentido que escrevi todo o conteúdo deste livro. Porém, não devemos ter vergonha das fases em que não sabemos o que queremos. Em cada novo ciclo de vida, nova fase e mudança de cenário, podemos nos encontrar diante de dilemas sem resposta e muitas vezes não sabemos o que, a partir daquele momento, ainda queremos da vida. Isso, isoladamente, não é problema. O ruim é quando não sabemos o que fazer diante dessa dúvida e passamos a deixar o meio externo conduzir a jornada.

Certa vez, saí para uma sessão de coaching em um parque. Era um cliente em busca de uma vida mais equilibrada, que procurava no processo de coaching a capacidade de usufruir momentos simples que geram felicidade. Durante nossa conversa paramos para comer um pão de queijo e tomar um café perto do meu escritório — aliás, considero esse café de qualidade muito superior à de outros que já tomei na vida.

Naquele dia, pude constatar algo que sempre me intrigou em todos os trabalhos que já realizei: as pessoas não se dão permissão para ser aquilo que gostariam. Esse cliente vivia uma questão comum a muitos executivos.

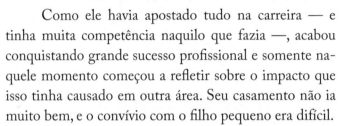

Tinha a crença de que para desenvolver uma carreira de sucesso é preciso abrir mão de uma vida familiar e matrimonial de qualidade.

Como ele havia apostado tudo na carreira — e tinha muita competência naquilo que fazia —, acabou conquistando grande sucesso profissional e somente naquele momento começou a refletir sobre o impacto que isso tinha causado em outra área. Seu casamento não ia muito bem, e o convívio com o filho pequeno era difícil.

Particularmente, nunca acreditei que essa fosse uma consequência inevitável, mas observo esse tipo de situação com frequência. No caso específico desse cliente, era preciso definir com mais clareza que homem ele gostaria de ser. Em sua concepção, o homem que ele almejava ser não era viável. A falta de opção e de permissão o impedia de acreditar na possibilidade de ser aquilo que lhe agradasse. Em sua mente, o equilíbrio entre a carreira e a família não era possível.

O mais incrível é que acabamos acumulando na memória exemplos que garantem que nossas crenças estão certas. Até que estejamos dispostos a mudar alguma delas, estaremos vivendo de forma a comprovar que tais crenças são verdadeiras e fazem sentido. O problema é que é possível comprovar muitas crenças, sobre qualquer tipo de estilo de vida. É fácil provar que estamos certos quando nos encontramos diante de algo que não conseguimos modificar.

Esse cliente tinha uma lista de amigos, conhecidos e empresários famosos que pagaram um preço alto no convívio familiar. A lista era tão grande que, para ele, perder o afeto familiar era uma verdade absoluta para a escolha que havia feito nos últimos 20 anos.

Muitas vezes, as escolhas que fazemos têm sentido. Estamos de fato dispostos a pagar o preço em prol daquilo que imaginamos ganhar. Porém, o tempo passa, e o que era tranquilo e alinhado nas nossas questões internas passa a ser um grande dilema. E é somente diante de um grande questionamento que conseguimos mudar crenças para então mudar comportamentos.

Estávamos ainda na cafeteria quando comecei a questioná-lo sobre como é possível afirmar que somos reféns de uma consequência já previsível. Que certeza temos de que não é possível equilibrar a própria vida? O que realmente queremos da vida que ainda resta? Quem, ainda, queremos ser?

Ele não podia voltar no tempo e iniciar uma carreira diferente. Até mesmo porque, imagino, não gostaria disso. Afinal, sua carreira havia lhe proporcionado inúmeras conquistas. Porém, ele podia, sim, questionar tal modelo de vida e encontrar uma forma de alinhar duas coisas tão importantes: trabalho e família.

O processo inicial de qualquer mudança deve estar na definição de quem, de fato, queremos ser. O trabalho de coaching é muito voltado para a ação, para o dinamismo. Eu não abro mão dessa etapa do processo, pois acredito que é somente na ação que a vida realmente se transforma.

Porém, não costumo sugerir nenhum plano de ação para um cliente enquanto ele não souber ao certo que pessoa ainda quer ser. Essa é a base. Acreditar que é possível nos tornarmos uma pessoa diferente da que somos hoje — e que nos incomoda.

Portanto, caro leitor, dedique um tempo para refletir sobre que pessoa você ainda quer se tornar. Se não existe mais nada para evoluir, então podemos esperar alguém vir nos buscar!

Não importam as dificuldades, acredito que sempre podemos mudar e nos tornar pessoas diferentes e melhores.

É difícil e dá trabalho. Mas é simples e possível.

CONTRATOS E RECADOS. A DIFERENÇA QUE FAZ DIFERENÇA

É o diálogo que sustenta o amor, e não o inverso.

Também dentro da teoria da análise transacional, de Eric Berne, está o conceito de contratos emocionais. Ao longo da minha experiência, utilizei muito essa teoria, fazendo algumas adaptações que julguei serem adequadas para o trabalho que desenvolvo. Noto que é uma parte teórica que encanta muitos clientes e participantes de workshops. Acredito que seja pela simplicidade do conceito e pela facilidade de aplicação.

É importante entender a diferença entre contrato e recado. E aqui não me refiro a contratos jurídicos, mas sim a um contrato no sentido de combinação, de algo que está alinhado e validado.

Dar um recado é comunicar aos outros aquilo que necessitamos, buscamos ou esperamos. Mas o recado é uma mão única. Apenas um lado se manifesta, e isso não garante que o outro lado concorde, aceite ou entenda.

Contrato é uma espécie de recado avançado. O contrato pressupõe que o outro tenha entendido e que as expectativas estejam alinhadas. De um lado, alguém expõe a sua necessidade e, do outro, alguém se compromete a colaborar. Para deixar algo contratado, os dois lados precisam estar alinhados com o mesmo assunto. Portanto, é óbvio que não existe contrato sem diálogo. Ao contrário do recado, que é quase uma espécie de monólogo.

> O problema é que muitas pessoas transmitem recados e pensam que fizeram contratos. Entendem que o outro é obrigado a saber do que necessitam e atender a suas expectativas de forma autêntica.

Mas as relações não nascem prontas! Assim como uma criança que precisa aprender a respeito do mundo em que vai viver, as pessoas precisam aprender a respeito do modelo de relação que satisfará ambos os lados.

Uma boa forma de ilustrar a teoria de contratos é refletir sobre os modelos de casamento. Em determinada situação, uma cliente reclamou que não escutava do marido a frase "Eu te amo" havia muitos anos. Sentia falta de ouvi-la e por esse motivo colocava em dúvida alguns sentimentos dele por ela. Perguntei-lhe se ela tinha contratado com ele que precisava ouvir essa frase. Ela disse que ele sabia que precisava dizer, afinal, todas as mulheres gostam de escutar. Mas a questão era se ele estava ciente de que para ELA era importante escutar. Ser óbvio para ela não significa que era óbvio para ele.

E dessa forma silenciosa os casais passam a interpretar fatos sem compartilhar suas impressões e criam a sua própria imagem do casamento. Por isso muitas vezes vi casais que se amam acabar se separando.

Propus a essa cliente que ela firmasse esse contrato com o marido. Que pudesse dizer a ele que ela precisava escutar que era amada, que, não importa o que ele fizesse, ainda assim era importante para ela ouvir. Depois disso, para realmente ser um contrato, ela deveria checar se ele estava disposto a colaborar com essa necessidade dela de escutar, e então se expressar toda vez que estivesse sentindo amor por ela.

— Ah, mas assim fica sem valor! — comentou a cliente. — Se eu tiver de pedir para ele dizer que me ama, não terá significado para mim.

Mas veja, a proposta não era pedir para ele dizer que a amava. Apenas contratar com o marido que para ela era importante escutar e ele deixar claro que entendeu essa necessidade. Agora sim estaria contratado, e agora sim seria possível fazer alguma interpretação caso o marido não viesse a manifestar um sentimento positivo em palavras.

Observo que os casais não conversam sobre o que realmente precisa ser conversado. Não é o tipo de filme, ou a roupa, a decoração, a viagem, os hobbies, que separa os casais. Muito menos os familiares, sogras, cunhados e antigos amigos. O que separa os casais é a pouca capacidade de conversarem sobre o que sentem, pensam e principalmente precisam a respeito do filme, da decoração, da viagem, dos hobbies, das sogras, dos cunhados e dos antigos amigos. Não é o que ocorre na vida dos casais que gera confusão. O conflito surge quando o casal não encontra solução para o que causa desconforto em ao menos um dos lados.

Nesse momento, a teoria dos contratos é prática e objetiva.

Outro exemplo comum é quando o marido decide investir na carreira e se afastar de casa por motivo de viagens a trabalho.

Muitas vezes vejo executivos que estão determinados a apostar em sua carreira e se esquecem de fazer contratos justamente com as pessoas que mais amam. Sua esposa (ou marido), filhos, pais, irmãos e amigos ficam de lado, sem entender ou mesmo aceitar a sua escolha.

Para abrir mão de algo em prol de outro ganho, como do convívio familiar em prol da carreira, é necessário que isso esteja claro. Costumo perguntar a esses executivos se eles contrataram com sua família que vão viajar e estar mais ausentes, mas que isso faz parte de uma escolha que inclui investir na carreira e propiciar outro padrão de vida a todos, e é surpreendente perceber que esse assunto não é discutido. Trabalham e viajam mais, e a família tem a obrigação de entender.

Nesse ponto, quero esclarecer que não concordo que alguém tenha algum tipo de obrigação em relação às minhas escolhas, a menos que isso esteja previamente esclarecido com o outro. Caso contrário, entendo que sou eu que tem a obrigação de explicar minhas decisões, atitudes e resultados.

O executivo que contrata com sua família a decisão de investir na carreira pode não garantir uma vida familiar feliz, mas no mínimo deixa espaço para que se possa discutir o que realmente é importante, como a falta de habilidade de colocar esse contrato em prática. Isso é muito mais relevante do que ficar brigando por questões superficiais, em uma espécie de jogo de perseguidor e vítima, que não costuma propiciar um clima satisfatório.

A esposa que vê o marido se afastar cada vez mais do ambiente familiar, mas não propõe uma conversa ou entendimento, fica criando suas próprias hipóteses para esse afastamento. E, ao longo dos anos, esse casal já não estará mais emocionalmente junto porque teve medo ou preguiça de debater suas necessidades quando elas eram apenas uma pequena queixa.

Mas a esposa que, diante da ausência do marido, propõe um contrato que equilibre a necessidade dos dois, está colocando energia onde realmente importa.

Contratos precisam ser revistos, questionados e modificados. Mas, para isso, também é importante a premissa de que tudo o que foi contratado conjuntamente deve ser descontratado da mesma forma.

Dos poucos casais que têm o hábito de firmar contratos entre as partes, pouquíssimos descontratam juntos. E aí também há espaço para um sério desalinhamento.

As pessoas mudam ao longo dos anos, por isso os contratos precisam mudar. Aquilo com que concordamos anos atrás pode não mais fazer sentido e então ser descontratado. O ideal é poder demonstrar respeito pelo contrato que foi feito no passado, mas admitir que muita coisa mudou e questionar se algo não pode ser modificado. Alterar contratos dá medo em muita gente, pois pode gerar uma sensação de insegurança. Porém, é muito pior conviver com alguém, seja em qual tipo de relação for, que não quer mais cumprir velhos contratos. Isso sim cria falta de confiança, e não o fato de admitir que algo precisa ser mudado.

> Não podemos ter medo de mudanças. É muito mais incerto conviver com pessoas que não mudam. E, seguindo essa lógica, é comum a necessidade de romper ou modificar contratos.

Percebo que a relação entre sócios em um negócio e entre pessoas em um casamento tem uma grande similaridade no que se refere a contratos. São dois tipos de relacionamento com alto grau de convívio e intimidade, mas são relações condicionais. Ambas só farão sentido se forem boas para os dois lados. Diferentemente das relações familiares, as entre sócios ou cônjuges não têm o compromisso eterno de um vínculo natural, por isso se tornam mais frágeis. Assim como os exemplos que citei sobre casamentos, sócios se esquecem de que são pessoas diferentes e, portanto, precisam de contratos para que a sociedade funcione sem culpas nem cobranças.

Nunca me considerei um profissional disposto a encarar altas cargas de trabalho. Já o meu ex-sócio, na agência, sempre demonstrou uma energia intensa para o trabalho. Para ele, a linha do limite de envolvimento com o negócio era muito mais alta do que para mim. Hoje reconheço que só conseguimos conviver harmonicamente por nove anos porque tínhamos contratos que satisfaziam a cada um dos nossos estilos sem prejudicar a empresa. Não podíamos criar um modelo único de qual seria a melhor forma de gerir a empresa e trabalhar por ela. Sendo assim, fizemos muitas vezes o exercício de alinhar qual seria a intensidade de entrega de cada um nesse negócio. E, uma vez isso estando contratado, nenhum dos dois tinha o direito de reclamar do outro, pois antes disso seria necessário recontratar. Antes de brigar e cobrar, era preciso parar para rever o contrato. Assim, criamos um clima muito mais fluido e produtivo.

É claro que corremos o risco de a outra pessoa não concordar com nossa proposta de contrato, mas isso não nos impede de ainda assim querer propor. Mais uma vez, o silêncio não estará protegendo. Como posso pensar que é preferível não falar a correr o risco de falar e não ser entendido? Em uma relação realmente importante para mim, como posso me sentir bem sem me expor? Como posso delegar ao outro a possibilidade de me fazer feliz?

Existem duas crenças sociais das quais discordo muito. A primeira é que as pessoas não mudam, ou, se mudam, mudam muito pouco. Não concordo. Todas as pessoas mudam. Algumas mais, outras menos. Mas elas mudam, e se quiserem podem mudar ainda mais. Temos esse livre-arbítrio e não podemos ficar reféns de algo que já fomos. Por isso a teoria de contratos é tão importante. É na mudança que algumas relações perdem o sentido. Com certeza há pessoas na sua vida que estiveram próximas, mas hoje estão distantes — e vice-versa. A cada mudança, procuramos um ambiente externo que seja favorável e facilitador para essas novas decisões. E para nos mantermos próximos das pessoas que são importantes, precisamos contratar aquilo que está mudando ou que vai mudar.

A segunda crença da qual discordo é a de que o tempo acerta tudo. Não, o tempo não acerta tudo. Acredito que o tempo acerte muitas coisas, mas não tudo. Como disse antes, certas relações se deterioram com o tempo, por falta de diálogo, e nunca mais se encontra algo que as mantenha com algum propósito. Certas coisas são perdidas, e nesse caso o tempo apenas diminui a dor dessa perda, mas não a perda em si. Mais uma vez, vejo a teoria de contratos como fundamental para que mesmo diante das mudanças as pessoas não se percam entre si. Podem até não continuar unidas, mas pelo menos saberão exatamente o ponto em que tudo mudou e quando o fato de estar juntas perdeu o sentido.

Portanto, reflita a respeito da sua vida e de suas relações. Você realmente tem feito contratos com as pessoas à sua volta ou tem apenas dado recados? Quando sente a vida desequilibrada, tem contratado o quê? E com quem?

Quem próximo de você sabe o que quer conquistar e como vai conquistar?

PAIS EQUILIBRADOS, FILHOS REALIZADOS

Não trabalho com crianças, nem estudei o comportamento infantil, portanto, tudo o que compartilharei neste capítulo é fruto da minha análise a respeito do homem e de sua relação com os filhos.

Trabalho com homens e mulheres que questionam a sua própria capacidade de ser bons pais, e com frequência o assunto surge diante de um projeto de planejamento de vida.

Realizei alguns cursos e estudos na área de coaching parental e percebi que a base teórica é exatamente a mesma. Toda vez que lidei com problemas infantis, eles nada mais eram do que um reflexo do ambiente familiar. A criança não nasce pronta — a capacidade de ter paciência, de obedecer, de ter bons valores, de respeitar, surge porque é algo cognitivo.

> **Portanto, se a criança não aprendeu, é porque ninguém a ensinou. Pelo menos não o suficiente para que fosse aprendido.**

Lembro-me de uma cliente que, no meio do contrato de coaching, pediu para mudar o foco e falar a respeito de seu filho, que estava passando por dificuldades de relacionamento na escola e às vezes com ela mesma.

Ela começou a listar uma série de características que seu filho tinha e que incomodava as pessoas com quem ele convivia. Quanto mais eu escutava, mais percebia que se tratava das mesmas características que atrapalhavam a jornada pessoal dela. O filho estava apenas reproduzindo o modelo aprendido.

Antes de discutir as dificuldades do menino em ser mais obediente à mãe e em se relacionar com mais fluidez, resolvi questioná-la a respeito da mãe que ela era e da mãe que queria ser.

Como na maioria das vezes, a cliente nunca tinha parado para pensar na profundidade dessa questão. Ela sabia muito bem que tipo de filho queria ter, mas não investira tempo e energia para pensar a respeito da mãe que queria ser.

Ela ficou intrigada com o questionamento e comentou que gostaria de ser uma mãe com mais paciência, mas que isso não era para ela. Que ela jamais conseguiria.

Jamais? Esse tipo de expressão sempre me chamou a atenção. Como alguém pode definir que jamais conseguirá se tornar uma pessoa com mais paciência?

Educar filhos dá trabalho, e não basta apenas amar. Aliás, amor é o sentimento básico para qualquer processo de educação. Sem amor, uma relação entre pais e filhos nunca será realmente saudável. Mas esse amor, por maior que seja, não basta. É necessário ter disciplina para poder dar uma boa educação, mais do que satisfação.

> Vejo os pais mais preocupados em satisfazer os filhos do que em questionar até onde determinada satisfação está alinhada com a educação que julgam ser a mais assertiva. Educar por comodidade nunca foi educar.

Mais uma vez, não tenho a pretensão de definir qual é o modelo ideal de família e que tipo de pai ou mãe você pode ser. Essa é uma decisão sua. É você que tem a liberdade de escolher que tipo de pai ou mãe será e qual é o ambiente familiar (não importa se está casado ou não) que quer proporcionar ao seu filho.

A minha proposta neste capítulo é refletir sobre o que fazemos como pais em relação ao que gostaríamos de estar fazendo. Querer ser um pai melhor neste ou naquele ponto não basta. Querer ser não é suficiente — é preciso ser.

Sou filho de pais separados, que viajavam a trabalho, que brigavam entre si e que muitas vezes não sabiam

O Encantador de Pessoas

o que fazer diante das dificuldades que a minha educação propiciava. E assim são muitas famílias, pois somos seres humanos que falham, erram, se frustram e muitas vezes não têm o conhecimento do que pode ser feito.

Ao mesmo tempo, venho de uma família de muito amor, consideração, respeito e diálogo. E o que mais marcou a minha infância não foram os presentes caros que meus pais me deram, mas os momentos em que estavam comigo de forma carinhosa, afetiva e verdadeiramente conectada.

Acredito que um dos grandes exemplos que os pais podem dar a um filho é a capacidade de se respeitarem. Podem não se amar mais, mas jamais devem se desrespeitar. Crescemos observando tudo o que nossos pais faziam. Aprendemos a reconhecer um falso elogio, um sorriso carinhoso, um rosto preocupado ou um abraço verdadeiro. Passamos anos checando, conscientes ou não, se o que nossos pais diziam fazia sentido e aprendemos a reproduzir o que víamos no dia a dia.

Portanto, parece-me muito lógico que, antes de questionar que tipo de filho queremos ter, precisamos estar conscientes de que tipo de pais queremos ser. Se formos pessoas equilibradas, nossos filhos se tornarão pessoas igualmente centradas — afinal, o equilíbrio sempre gera um ambiente de segurança, que é uma necessidade natural de toda criança.

Voltando à questão da minha cliente e de seu filho, que tinha 5 anos, era necessário que ela passasse a conversar sobre o que realmente era importante. Que desse ao menino o melhor presente, o reconhecimento, nos momentos em que ele fosse merecedor.

> Aliás, reconhecimento é uma das grandes necessidades de todo ser humano, por toda a vida. Deixe de dar reconhecimento a uma criança e ela sentirá o devido impacto.

Mas o que merece ser reconhecido? Quais valores devem ser passados a uma criança?

Novamente, deixo claro que não trabalho com esse público; minha única experiência é com meus três afilhados e com meu próprio filho. Sendo assim, não tenho a pretensão de sugerir qual seria o melhor modelo de educação.

A minha proposta a essa cliente era que ela passasse a tratar o filho como um ser humano que merecia entender o que seus pais sentiam e pensavam a seu respeito.

E, em paralelo a isso, trabalhasse comigo no processo de coaching a capacidade de tomar decisões que a aproximassem do que ela entendia ser a melhor mãe possível.

Sempre houve e sempre haverá conselhos e orientações sobre que tipo de pais as pessoas podem ser. O foco não deve estar no que é dito, mas sim no que resolvemos absorver como verdade.

Acredito que, toda vez que mudamos, as pessoas em volta também mudam, mesmo que somente um pouquinho. Na relação entre pais e filhos, isso fica ainda mais evidente. A criança é apenas um ser buscando agir de

O ENCANTADOR DE PESSOAS

acordo com o que está entendendo ser o correto em sua família. E eu tinha a convicção de que, se a minha cliente conseguisse mudar certos comportamentos, seu filho passaria a lidar com ela de outra forma.

Não é fácil, mas é possível. Dessa forma, a cliente foi experimentando novas formas de se relacionar com o filho, outros tipos de diálogo e outras maneiras de expressar amor. Aos poucos, foi abrindo espaço para ambos se conhecerem mais intimamente. Perdendo o medo de expor seus fracassos e dificuldades, ela passou a conversar com o filho sobre tudo o que sentia, criando um espaço para a permissão e a reflexão. Permissão no sentido de dar espaço ao filho para ele poder sentir emoções em relação à mãe, sejam boas sejam ruins, de forma mais verdadeira. E reflexão porque agora o filho poderia começar a entender suas próprias atitudes.

Assim como o adulto, a criança que pensa a respeito das consequências de seu comportamento pode sozinha buscar alternativas para mudar o que não está lhe trazendo benefícios claros. Passa a obedecer por entendimento, não por medo.

Dessa forma, essa cliente pôde abrir espaço para uma relação nova, em que a sua própria mudança gerou estímulos para a mudança do filho.

Os dois vivem hoje felizes para sempre? Claro que não. Mas agora dialogam sobre o que realmente importa para cada um. E isso por si só trouxe a eles um ambiente familiar mais equilibrado — e essa criança compreende melhor o seu papel nos relacionamentos com outras pessoas.

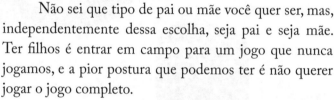

> Na ânsia de dar ao filho tudo de que ele supostamente precisa, muitos pais se esquecem de oferecer o que é de fato mais importante para qualquer criança: sua presença.

Não sei que tipo de pai ou mãe você quer ser, mas, independentemente dessa escolha, seja pai e seja mãe. Ter filhos é entrar em campo para um jogo que nunca jogamos, e a pior postura que podemos ter é não querer jogar o jogo completo.

Não existem pai ou mãe que sejam "mais ou menos". Ou são pais ou não são. Não é a dificuldade de educar um filho que torna um pai melhor ou pior, mas sim a sua capacidade de dedicação.

Dedique-se a ser um pai melhor e você terá um filho melhor. Procure fazer diferença na vida do seu filho, e ele fará diferença na sua. Encontre o seu sentido como pai ou mãe, e ele encontrará o seu sentido como filho.

E, na jornada de formar outra pessoa, nunca deixe, em qualquer idade, de se perguntar: eu estou sendo o pai ou a mãe que realmente quero ser?

Antes do filho que teremos vêm os pais que seremos.

SUBIR A PRÓPRIA MONTANHA — HISTÓRIA FINAL

Conta a lenda que certa vez um homem, intrigado com sua capacidade de ser feliz, resolveu perguntar a Sócrates:

— Qual é a vida que vale a pena ser vivida?

Sócrates ficou em silêncio por longos minutos, refletindo a respeito daquela curta, porém profunda, pergunta. Em determinado momento, olhou bem nos olhos do homem que o questionava e respondeu:

— A vida que vale a pena ser vivida POR VOCÊ eu não sei. E jamais terei como saber.

Eu não escrevi este livro com o objetivo de ensinar a você, leitor, qual é a vida que vale a pena ser vivida. Isso é extremamente pessoal. Propus-me a escrever, basicamente, sobre duas crenças que carrego comigo.

A primeira é que a vida pode ser boa. Todos nós temos condição de viver uma vida que no fim terá valido a pena.

A segunda se refere ao fato de que todo ser humano pode se reinventar. Temos a capacidade de mudar

O ENCANTADOR DE PESSOAS

aquilo que somos e de nos transformar nas pessoas que entendemos ser mais hábeis para viver uma boa vida.

Pôr em prática essas duas crenças não é fácil, mas é possível.

Para ilustrar o capítulo final deste livro, vou contar uma pequena história.

Havia um homem decidido a escalar uma montanha. No meio do caminho, já exausto, ele resolveu parar para descansar. Encontrou uma pequena casa e foi pedir abrigo. O morador o encorajou a seguir viagem e não deixar de conhecer o topo da montanha. Explicou que ali havia uma pequena aldeia, de pessoas focadas na própria felicidade, e que todos aqueles que passavam por lá eram sempre encorajados a não desistir. Contou ainda que no topo da montanha o homem depararia com um grande aprendizado. Que valeria a pena todo o esforço para subir. Então o homem lhe indagou:

— Por que não me conta o que vou ver lá em cima? Estou cansado e você poderia me poupar de tamanho esforço.

E o morador da aldeia lhe respondeu:

— Certas descobertas precisam ser feitas com as próprias pernas. Caso contrário, a sua descoberta será apenas uma versão da minha.

Algumas pessoas custam a entender esse processo. Sentem-se vítimas de uma existência sofrida e buscam nos outros a solução para os seus problemas. Nunca conheci uma pessoa realmente satisfeita com sua vida que não tivesse encarado a sua própria montanha. O mais interessante é que cada um de nós determina o tamanho dessa montanha e a importância daquilo que queremos aprender. E, uma vez tendo esse caminho traçado, somente nós poderemos subir e usufruir a beleza da montanha que nós mesmos desenhamos. Essa é a essência de vencer o próprio jogo. Determinar qual é o tamanho dos nossos sonhos e, principalmente, qual é a parte que cabe apenas a nós nessa jornada é a melhor definição de jogo interno.

> Para vencer o jogo interno, não é necessário escalar o Everest, mas sim chegar ao topo das nossas próprias montanhas.

Voltando à história do homem que desejava aprender a lição da montanha, ele acabou sendo convencido pelo morador da aldeia e na manhã seguinte seguiu seu caminho. Antes de partir, o morador lhe disse:

— Amigo, sugiro que aproveite cada etapa de sua jornada. Não deixe para comemorar somente quando chegar ao topo. Pare em determinados momentos e vire-se para celebrar quanto você já subiu. Repare nos detalhes que o cercarão durante toda a subida. Quanto maior a altura, maiores serão as diferenças entre o que você verá lá embaixo e o que verá daqui, que ainda é o meio do caminho. Repare que a vegetação vai mudar. O vento vai mudar. A sua perspectiva vai mudar. E, principalmente, você vai mudar a cada metro conquistado.

Com aquelas palavras na mente, o homem iniciou a segunda parte da subida da montanha. Porém, dessa vez ele estava atento aos ensinamentos daquele simples morador e começou a perceber mudanças que até então eram invisíveis aos seus olhos. Seu foco estava apenas no topo da montanha e na satisfação de dizer que havia chegado lá.

Naquele instante, a forma de enxergar a própria jornada havia mudado. Ele reparou que a água que corria pelos pequenos córregos era mais límpida, o que lhe permitia beber com mais prazer. Em uma das paradas para beber e descansar, observou que havia frutas ao seu redor. Essas mesmas frutas eram diferentes daquelas que estava acostumado a comer na base da montanha. Como o número de pessoas que chegavam ao ponto onde ele estava era pequeno, a quantidade de frutas de qualidade era muito maior. Ele podia escolher com mais facilidade e até mesmo levar algumas. Como a temperatura era mais baixa, as frutas acabavam ficando mais doces, e ele começou a entender a conversa da noite anterior com o morador.

O fato de se permitir valorizar cada nova etapa naquela montanha lhe dava motivação maior para seguir em frente. Ele impôs um ritmo frequente à subida, com a certeza de que também havia um progresso no seu crescimento pessoal. O cansaço era grande, mas a recompensa de ter uma vista que poucos conheciam era mais do que compensadora.

Em determinado ponto da jornada, começou a refletir que estava sozinho e que, se desistisse de seguir rumo ao topo, a culpa seria de sua falta de preparo ou da falta de confiança de que era possível chegar ao ponto mais alto. Àquela altura não havia mais pessoas que pudessem ser responsabilizadas.

> Era preciso encarar seu próprio corpo, medos e desafios. Afinal, fora ele que escolhera subir aquela montanha.

Em certo momento, percebeu que havia calculado mal o tempo para chegar ao topo e que seria preciso montar sua barraca para passar a noite e seguir viagem no dia seguinte. Inicialmente ficou muito incomodado e pensou em desistir. Depois, lembrou que cada etapa daquela jornada poderia lhe propiciar um aprendizado e se deu conta de que o que ele vivia naquele momento era apenas a repetição de algo já vivido muitas vezes. Lembrou-se dos diversos sonhos e metas de sua vida, dos quais acabou desistindo por não tê-los alcançado no prazo previsto. Então resolveu romper seu próprio modelo e fazer diferente. Dessa vez estava disposto a alcançar o topo, mesmo que demorasse mais tempo, que exigisse mais esforço e que fosse mais difícil do que havia imaginado previamente. Estava determinado a fazer do caminho o seu maior aprendizado, em que o topo seria apenas uma consagração, onde teria como recompensa o aprendizado que o sábio homem do dia anterior lhe garantira.

Na manhã seguinte, acordou com o nascer do sol e logo cedo teve outro grande momento de aprendizado. Ele pôde ver que a altitude que havia atingido o colocava acima de algumas nuvens que cobriam a pequena aldeia, onde parecia estar chovendo. Então aprendeu mais duas grandes lições.

O Encantador de Pessoas

A primeira foi que somente naquela manhã conseguira perceber quanto já havia subido. Ao ver as nuvens, ficou claro que já alcançara um ponto muito alto. Durante todo o percurso, seu olhar estava tão voltado para o topo que se esqueceu de celebrar quanto já tinha percorrido.

A segunda lição foi perceber que, depois de passar por certos desafios e dificuldades, alguns obstáculos literalmente tinham ficado para trás. O clima na aldeia estava feio e chuvoso, mas ele estava acima e podia desfrutar alguns raios de sol que aqueciam seu corpo. Lembrou-se das inúmeras vezes em que se viu em dias de tempestade, sem acreditar que pudesse seguir a jornada. Recordou ocasiões em que havia perdido a esperança de que um problema seria resolvido ou do anseio de que um dia ele finalmente pudesse se ver livre de antigos problemas.

Seguiu seu propósito e voltou a subir a montanha. Naqueles momentos ficava imaginando o que o estaria esperando no topo da montanha e, sem perceber, acelerou os passos para poder chegar mais rápido.

Quando chegou ao cume, ficou fascinado com a vista. O dia estava ensolarado, e a sensação de chegar ao pico era indescritível. Dentro dele havia uma energia de vitória, de realização e de superação.

Passados alguns minutos de contemplação, olhou em volta para tentar identificar o que existia de tão especial no topo da montanha para ser descoberto. Deu alguns passos e avistou um pequeno cemitério. Aproximou-se e viu que havia algumas dezenas de lápides. Aquilo o frustrou demais.

O homem passou a questionar o que um cemitério poderia lhe ensinar naquele momento. "O que posso aprender ao constatar que pessoas morreram e foram enterradas aqui?", pensou, irritado.

Resolveu se aproximar das lápides para ler os nomes das pessoas falecidas e ficou curioso ao notar que embaixo de cada nome havia uma quantidade de dias.

José — 412 dias
Alberto — 769 dias
Karine — 314 dias
Marcos — 1.458 dias
Carolina — 913 dias
Beatriz — 301 dias

O homem ficou revoltado ao perceber que se tratava de um cemitério de crianças. Sentiu a crueldade daquele senhor que o tinha incentivado a chegar ao topo da montanha.

"Como pode um grupo de crianças falecidas ser algo realmente interessante?", indagava-se o homem.

Aborrecido com aquele cenário, resolveu guardar todos os seus acessórios e descer. Queria reencontrar o morador da aldeia e demonstrar sua decepção por se defrontar com aquelas lápides.

Enquanto descia, só pensava no que falaria àquele senhor, e tudo o que havia aprendido ao longo da subida ficou em segundo plano. Os fatores negativos agora eram maiores do que os positivos, e a jornada completa havia perdido o sentido diante da frustração do que viu no topo.

Como seu ritmo era mais acelerado, além de ser favorecido pela gravidade, o homem chegou à aldeia muito mais rápido que o previsto e logo foi procurar o morador que havia lhe propiciado grandes ensinamentos, mas cuja orientação agora lhe causava frustração e insatisfação.

Ao se encontrarem, o homem, exausto pela rápida descida, prontamente começou a questionar:

— Não entendo! O senhor me incentivou a seguir a minha jornada me garantindo que no topo eu teria o meu maior aprendizado. E quando chego lá vejo um pequeno cemitério! E, ainda por cima, de crianças! Onde está o aprendizado?

— E o que você aprendeu ao longo do caminho?

— Não importa agora! Quero saber o que devo aprender com o maldito cemitério.

— Você estava totalmente empolgado com a sua jornada. Depois que lhe falei sobre os possíveis aprendizados, você deixou de lado qualquer cansaço ou medo, e agora chega aqui totalmente irritado? Faz sentido?

— Eu me empolguei com o que o senhor disse, mas não sabia o que iria encontrar!

— Você se empolgou com o que eu disse? Então essa jornada não valeu a pena! Você não pode encontrar o sentido dos desafios da sua vida nas palavras de outras pessoas. A motivação que se sustenta é aquela que nasce de dentro para fora.

— Sim, o senhor tem razão. Eu de fato aprendi muitas coisas nesses poucos dias rumo ao topo da montanha. Mas realmente me chocou muito encontrar aquele cemitério, e não entendi o sentido.

— E tudo o que aprendeu pelo caminho perdeu o valor por você não ter chegado a um destino que imaginou?

Mais uma vez o homem ficou envergonhado de seus pensamentos iniciais e percebeu que ainda tinha muito a aprender. Reconheceu em pensamento tudo o que aprendera em tão pouco tempo e que, independentemente do final encontrado, seguia tendo muita relevância para a sua vida. Então resolveu, em tom mais ameno, retomar a conversa com o sábio morador da aldeia:

— Desculpe, senhor. Eu realmente ainda tenho muito que aprender. Essa viagem será inesquecível. Aprendi, e estou aprendendo, a dar valor ao caminho, seja qual for o destino. Aprendi que foi a montanha que eu escolhi subir e que só depende de mim chegar ao topo — fiquei realmente muito feliz por ter conseguido.

— Que bom, meu amigo. Fico feliz com sua capacidade de aprender. E fico muito aliviado em vê-lo mais tranquilo. Quando estamos equilibrados, mesmo as frustrações fazem algum sentido e sempre aprendemos alguma coisa.

— Certo, senhor. Agora entendo que aquele triste cemitério de crianças está lá apenas para quebrar a lógica e nos fazer pensar a respeito do valor que temos de dar ao longo de toda a jornada. Agora tudo fez sentido. Muito obrigado.

— Você está certo e errado. E, se me permite, vou lhe propiciar um último aprendizado. Você está certo quando reconhece a importância de usufruir toda a jornada sem colocar todos os louvores apenas no destino. Porém, está errado ao dizer que o cemitério é de crianças e que ele está lá apenas para chocar. Na realidade, aqui em nossa aldeia temos um ritual. Toda criança, quando nasce, recebe um pequeno caderno. Nesse caderno cada indivíduo deve anotar os dias muito felizes que teve ao longo da vida de forma detalhada. Depois, ao morrer, o melhor amigo do falecido tem a tarefa de pegar o caderno e contabilizar o número de dias em que realmente a vida fez sentido para aquela pessoa.

Por instantes, o homem ficou apenas fitando o morador, com o olhar distante e surpreso com a história que estava ouvindo. E assim continuou o sábio senhor da aldeia:

— Sendo assim, o que você viu lá em cima foi o número de dias realmente impactantes na vida de cada uma daquelas pessoas. São dias assim que dão sentido à nossa vida e que nos fazem relevar todo o esforço ou tristeza que tivemos ao longo do percurso.

— Esta montanha realmente mudou a minha vida.

— Não é a montanha que muda a sua vida. É você que se propõe a mudar diante dela. Muitas pessoas vêm até aqui, mas poucas compreendem o verdadeiro sentido de sua vida e o que podem fazer por si próprias.

E é dessa forma que encerro esta obra. Para alguns será apenas mais um livro, mas para outros será uma oportunidade de mudar algo na vida.

> Assim como a montanha, não são os livros que mudam as pessoas, mas as pessoas que se dispõem a encarar as dificuldades e desafios que a vida, inevitavelmente, seguirá trazendo.

Desejo a você a capacidade de vencer seus próprios jogos e tornar a sua vida mais feliz. Praticamente tudo o que escrevi se baseia exclusivamente na minha experiência, e espero que tenha sido inspirador, que funcione como uma alavanca de mudança. A montanha é sua, assim como todos os aprendizados que virão ao longo do caminho.

Tudo o que fiz até hoje na minha carreira como Coach de Vida foi exclusivamente por acreditar que as pessoas podem mudar e ser melhores. Não é fácil, mas é simples e possível.

Um abraço! GoHard!

CONHEÇA AS NOSSAS MÍDIAS

www.twitter.com/integrare_bsnss
www.integrareeditora.com.br/blog
www.facebook.com/integrare
www.instagram.com/integrareeditora

www.integrareeditora.com.br